Linda Lit
U BRAKU SA MAĐARSKOM

I0151784

Urednik
SIMON SIMONOVIĆ

S engleskog prevela
ALEKSANDRA MANČIĆ

Knjiga je štampana uz finansijsku pomoć Kanadskog save-
ta za umetnost i kanadskog Ministarstva inostranih poslo-
va i međunarodne trgovine

Canada Council **Conseil des Arts**
for the Arts **du Canada**

LINDA LIT

U BRAKU
SA MAĐARSKOM

Roman

RAD

I

Čula sam zvono, znala sam da je međunarodni poziv. Bila sam u kancelariji, odmah do kuhinje u našem stanu u Montrealu, i vodila poslovni razgovor na kancelarijskoj liniji. Miška se u kuhinji javio na porodični telefon. Glas mu je bio uzbuđen; Endi, pomislila sam. Nisam obraćala previše pažnje na njihov razgovor, i vrata kancelarije su bila zatvorena. Ubrzo potom, čula sam Džulijanov veseo glas. Moji sinovi su tako srećni kad razgovaraju s ocem i kada su, suviše retko, zajedno, okače se na njega kao medvedići.

Bilo je rano septembarsko jutro. S Endijem sam razgovarala samo jednom tokom celog leta, a poslednji put sam ga videla u proleće. Još dobro izgleda, ima svu kosu, koja je sada pre boje peska nego riđa.

Naši razgovori postali su razočaravajući, uvek oko novca. U nekom trenutku, novac se postavlja kao pitanje, pošto je to poslednje pitanje koje je ostalo. A stvar je s novcem u tome što ga nikad nema dovoljno, što mu omogućava da postane pristojna zamena za ljubav kada brak dođe do kraja.

Bez obzira na to koliku simboličku težinu smatrate da on u sebi nosi, ipak je to na kraju krajeva samo novac. Ne pomaže da sebe podsećate na to. Dođemo do ovoga: ceo jedan zajednički proveden život svede se samo na dolare i cente. Bila bih srećna da nisam morala da razgovaram s njim tog septembarskog jutra.

„Endi", rekao je Džulijan, otvarajući vrata moje kancelarije i pružajući mi telefon. Džulijan, naš treći sin, dvadesetogodišnjak je, mladić koji ne rasipa reči. Oklevala sam, a zatim klimnula glavom i pružila ruku.

„Pa, zdravo, Endi", rekla sam. Bilo je stvari o kojima je trebalo da razgovaramo, a ja nisam za to bila raspoložena.

„Zdravo, Lini!" Bezmalo sam zaboravila na Lini. Niko drugi me ne zove tako. Zvučao je neobično razdragano. „U kolima smo, Adam i Lien i Ja, na putu za Balaton, govorimo preko spikerfona, tako da svi možemo da te čujemo."

„Zdravo, mama." To je bio Adam. On je moj najstariji sin, još malo pa će dvadeset i šest. Mora biti da je u Budimpeštu stigao ove nedelje.

„Zdravo svima tamo!" Lien je Adamova devojka; sreli su se na snimanju filma pre skoro dve godine u Nju Orleansu, a sad žive u različitim stanovima u istoj zgradi na Platou Mon-Rojal u Montrealu. Ona je student na Univerzitetu Konkordija.

Toliko što se tiče stvari o kojima je trebalo da pričamo, i o kojima ni Endi ni ja ne bismo razgovarali preko spikerfona. Lakše sam disala, pa sam i ja bila srećna što čujem Adamov glas. On i Lien su bili na putu već mesec dana.

„Pa, zdravo, Adame i Lien! Kako ste?" Bila sam svesna da još nisam pitala Endija kako je on. Krčila sam sebi put u tom pravcu.

„Odlično", rekao je Adam, „osim što sam se prejeo silnih dobrih jela."

„U Italiji?"

„Svuda."

„A kako si ti, Lien?"

„*Nagyon jó*", odgovorila je na mađarskom. *Vrlo dobro.*

Sviđala mi se Lien. „Izgovor ti je dobar." A zaista je i bio. Onaj mađarski glas „gy"je težak za stranca, nešto kao umekšano „dž".

„Kösyönöm szépen." Hvala.

„Zadivljena sam", rekla sam joj.

„Mílyen csinos lány vagy." Kako si ti lepa devojka.

Nasmejala sam se tome. Te reči nisu bile upućene meni. Lien je citirala nekog rođaka.

Mogla sam da zamislim scenu. Adam ju je odveo u posetu kod tetke Kičineni i rođaka – to se radi kad odeš u Budimpeštu, i tamo ima toliko rođaka, i svaki od njih bi bio očajan kad bi čuo da si bio u Mađarskoj i nisi ga posetio – i svi su joj oni govorili kako je lepa. A Lien je zaista vrlo lepa devojka. Talentovana i pametna i pažljiva, i rođaci bi svakako umeli da cene te osobine kad bi bili kadri da vode razgovor.

„Mílyen aranzas lány. Kakva zlatna devojka." To sam ja kazala kao odgovor, zapanjena sećanjem koje su njene reči prizvale kod mene. Moje reči nisu bile upućene Lien, ništa više nego što su njene bile upućene meni. Obe smo citirale, i ako sam ja s nekim razgovarala, razgovarala sam s Endijem. „To mi je Kiscinenina majka kazala", objasnila sam Lien i Adamu, „kad sam prvi put bila u Mađarskoj."

Bilo je to pre trideset godina. Baba-tetka Lijza – Luluneni – poljubila me je u obraze, i njena koža bila je bleda i meka kao maršmelou, i svi ujaci i sedokosi deda-ujaci, i braća i sestre od tetke, i od strica, i od tetkine tetke – Barna, Laci, Peća, Lajoš, Micu, Đuci, i slatka Eči; Barna, Akoš, Lalo, Tamaš, pa čak i nesnosni Gabor – ljubili su mi ruku i divili mi se kada je Endi išao u obilazak sa mnom pri mom prvom odlasku u Budimpeštu. Imala sam dvadeset dve godine, koliko i Lien sada.

„Bože moj", rekao je Endi, sećajući se. „Tako je."

„A kako si ti, Endi?" pitala sam konačno.

„Dobro sam", rekao je, i dobro je zvučao. Poslednjih nekoliko godina prolazio je kroz teškoće, i bio je usamljen. Znam da se radovao Adamovoj poseti. Moglo se desiti da se nikada ne venčamo, da on nije bio Mađar, i možda se nikad ne bismo razveli, da nije bilo Mađarske.

Toliko je tih možda.

Ja se možda uopšte ne bih udavala, da nije bilo Endija, pošto brak nije bilo nešto za čime sam čeznula. Možda nikada ne bih imala decu; to bi bila velika šteta. Možda nikada ne bih napisala roman, da se nismo preselili u Budimpeštu, pošto sam u Budimpešti počela ozbiljno da pišem. I bilo je trenutaka kada sam pomišljala da bih možda ranije počela da pišem da se nikada nismo sreli.

Ne trošim ja mnogo vremena na razbijanje glave o tome šta bi bilo da je bilo.

Šta bi bilo da je bilo, to nije važno, ili je, u svakom slučaju, nezamislivo u priči o mom detinjstvu. Ne mogu da zamislim nijedne druge roditelje, nijedan drugi život osim peripatetičnog života koji sam vodila dok sam bila dete. U vreme kada sam napunila osamnaest, međutim, i kada ova priča počinje, donosila sam velike odluke, i u mnogim slučajevima sam propuštala da donesem važne odluke i dopuštala da ih drugi donesu umesto mene. Pisanje ovog izveštaja o mom braku vratilo me je u trenutak kada sam krenula baš ovim putem, podseća me da je zaista postojao i drugi, kojim nisam krenula, i još jedan. Osim toga, ovaj izveštaj pišem u za mene teškom trenutku. Razvod me je uznemirio na jedan način, a bolest jednog od mojih sinova na sasvim drugačiji. Kada tako razmišljam, moguće je i da sam na ponekom mestu krenula pogrešnim putem.

Ne mislim tako. Nisam ni zadovoljna sobom što sam dobro izabrala. Tako često sam grešila u stvarima, pogrešno čitala znake i naprečac donosila pogrešne zaključke. Evo baš jutros sam to uradila, kada me je iznenadilo što čujem Adama i Lien preko telefona. Biće i drugih primera za istu stvar, i beznačajnih, i ne tako beznačajnih. Život proveden u društvu stranaca neizbežno uključuje nesporazume i greške. I koliko ja znam, pošto sam se samo jednom udavala, brak je uvek brak sa strancem.

Mene, međutim, čudi to što sam ovih dana kadra da sopstveni brak posmatram sa distance, uz nešto bezmalo nalik estetičkom procenjivanju njegovog oblika. I mada sam to kazala, osećam obavezu da naglasim da sam svesna i toga da je taj pogled iz daljine opasan.

Nemam osećaj kajanja, uopšte, nemam osećaj ni da su odluke koje sam kao devojka donosila – i koje su bile donošene za mene – bile mudre ili nisu bile mudre – mada u to vreme nisam bila naročito svesna njihove dalekosežnosti. Bilo je nevolja, svakako, bilo je i zadovoljstava, vremena kada bih se osetila kažnjena, i vremena kada bih osećala da sam duboko blagoslovena. Kazna je stvarna, i predstavlja samo deo priče; blagoslovi su isto tako stvarni, i isto tako samo deo priče. Kada danas pomislim na to, dok pravim bilans i krećem dalje, nalazim da sam iznenađujuće veliki filozof, kada se sa izvesnog odstojanja i sa izvesnom pribranošću posmatra šira slika.

Da li ovo izgleda kao da sam samozadovoljna? To je jedna od opasnosti. Zato bi možda trebalo da naglasim da sam zaista dobila onoliko povreda i bola, tuge i patnje koliko mi je pripadalo – pa i više nego što mi je pripadalo, činilo mi se ponekad. To je još jedna od opasnosti koje otežavaju stvari. I eto zašto ne pišem mnogo o tome; teškoće su i ovako dovoljno značajne. To me je gotovo uništilo u prošlosti, i ko zna šta bi se još moglo desiti.

Mislim da sam dobila i više poklona nego što mi je pripadalo, i u detinjstvu, kao i u zrelosti. I ne mislim da ih uzimam zdravo za gotovo. Pokloni mi se čine čudesni, bezmalo neverovatni, i moram da podsećam sebe da se sve to zaista dogodilo. Pisanje o njima je način da to učinim.

Nisam pokazala previše umeća u tome da istovremeno sačuvam na pameti i teškoće i radosti mog života s Endijem. Nisam baš sigruna zašto mi se čini moguće da to učinim sada, u predahu tokom kojeg pišem ove reči, ali mi je drago zbog toga, bar dok taj predah traje.

Da li sam zadovoljna što sam zapamtila teškoće?

Ne sasvim. Zadovoljna sam što sam kadra da priznam da je moj život s njim imao u sebi i jedno i drugo. Ima nečega ispravnog u tome. Štaviše, moj brak kao da je dobio nekakav oblik i vrstu neizbežnosti, poput priče.

Endija sam upoznala kada mi je bilo osamnaest godina, počeli smo da živimo zajedno kada mi je bila dvadeset i jedna, a venčali smo se kada mi je bilo dvadeset četiri. Posle mnogo godina života velikim delom na različitim kontinentima, sada se razvodimo. Poznavaćemo se dok nas smrt ne rastavi. Uvek ćemo imati naše sinove, koji nas oboje poznaju bolje nego što mi sami sebe poznajemo i koji nas oboje vole. Oni će održavati vezu između nas, bez obzira na sve. Pa čak i ako nas naše uspomene razdvajaju, a one nas zaista razdvajaju, to ipak ostaju zajedničke uspomene, kao uspomene onih koji dele istu teritoriju ali govore različitim jezicima ili se klanjaju različitim bogovima.

Dok danas razmišljam o Endiju, mislim da se još volimo, i ako se volimo sada, uvek ćemo se voleti. Pola života poroveli smo na istom mestu u isto vreme, učestvujući u istim razgovorima i deleći isto jelo i isti krevet, u dobru i u zlu.

II

Bilo je leto 1968. godine, u Hotelu Manoar Rišelje na severnoj obali reke Sent Lorens u selu Poant-o-Pik, u Kvebeku. Endi je bio blagajnik a ja sam bila pomoćnica magacionera, koga ću zvati Gaj Harvi, i radili smo u maleckoj kancelariji u podrumu hotela. Gaj je bio nizak, zdepast, širokogrud čovek koji je živeo u selu sa svojom porodicom, kao i većina frankofonih radnika. Većina anglofonih radnika bili su studenti koji su seli na voz istočno od Montreala u maju, i tu će raditi dok se hotel ne zatvori početkom septembra.

Endi i ja smo delili sobe sa drugim radnicima u krilu Sobarice i Vozači sa zadnje strane hotela, i vrlo često smo se viđali. Soba Q, koju je on delio s knjigovođom Fredijem, nalazila se na drugoj strani hola, a računovodstvo je bilo nekoliko vrata niže. Računovođe su radile do kasno uveče, pošto je Manoar Rišelje bio odmaralište, s bazenom, teniskim terenima, terenom za golf i konjušnicom, i studenti koji su tu radili, osećajući da polažu prava da se zabavljaju bar onoliko koliko i gosti koji su plaćali, uzimali su slobodno vreme tokom dana da uživaju u tim pogodnostima.

Stekla sam naviku da se uveče promuvam onuda dok čekam da moja prijateljica Džil završi posao; ona je bila pomoćnik hotelskog knjigovođe. Čekala sam i Endija, i kada bi osoblje iz računovodstva konačno uveče zatvorilo kancelariju, grupa nas bi odšetala niz brdo u selo Poant-o-Pik na piće u lokalnom motelu i noćnom klubu, Kastel de la mer, koji smo mi zvali kod Kastela. Endi i ja mnogo puta smo igrali kod Kastela – on je bio jedini muškarac koga sam upoznala koji je stvarno umeo da igra – i izišli smo na samo jedan sastanak. Išli smo u Kvebek Siti, kada mu je neki njegov prijatelj došao u posetu, i sedela sam mu na kolenima na zadnjem sedištu pretrpanih kola. Pozvao me je na žurku te zime, ali sam tada bila u vezi s nekim drugim, i kazala mu da ne mogu.

Kada smo se Endi i ja ponovo pojavili u Manoaru sledećeg proleća, ja sam bila kelnerica. Život magacionerove pomoćnice bio je lakši, ali Gaj je počeo da mi se nabacuje krajem mog prvog leta, pa mi se više nije sviđalo da radim s njim u tesnoj kancelariji. Kelnerica je imala manje povlastica u hijerarhiji službenika u hotelu, ali je kelnerisanje bilo zabavnije i isplativije.

Endi i ja smo se možda manje viđali. Džil se nije vratila za drugu sezonu, za početak. Takođe, sada sam delila sobu s još tri kelnerice i kući za zaposlene, iza hotela. Ukratko, nisam imala nikakvog razloga da se muvam oko Sobarica i Vozača. Ne samo to, nego se sada od mene očekivalo i da jedem na mestu koje smo zvali Zoološki vrt – u kafeteriji za zaposlene – a ne više u Trpezariji za službenike, zajedno sa osobljem računovodstva i drugim kancelarijskim službenicima kao što sam radila prethodnog leta.

Nisu to bile prave prepreke. Endi je uobičajio da dolazi u kuhinju ujutro na doručak, pa smo mogli da ćaskamo dok sam čekala da se veliki čajnik napuni kafom da bih je poslužila za stolovima. Ponovo bi se pojavio ponekad uveče dok sam služila večeru učesnicima konvencije. Počeli smo da izlazimo, da pijemo kafu u trpezariji pošto gosti odu svojim putem, popodne da igramo tenis ili plivamo, da sedimo napolju na travi i posmatramo bele kitove. Bio mi je zanimljiv, a bila sam ubeđena da sam i ja njemu zanimljiva. Bio je pronicljiv, njegov um gledao je na stvari na način kako ja nikada nisam na njih gledala i nalazio humor u stvarima za koje mi nikad nije palo na pamet da su smešne.

Umesto da sačekamo da se grupa okupi uveče po završetku posla, odlazili smo kod Kastela, nas dvoje sami, da igramo. Jedne večeri je rezervisao sto u Klub de Monu, staroj vili pretvorenoj u restoran koji je uveče ostajao na otvorenom, tako da smo mogli da večeramo pod zvezdama. Drugi put bismo pozajmili nečija kola i odlazili do vodopada Frejzer, a zatim dalje, to peščanih dina i Tadusaka. On bi me uvek ispratio do kuće, sve do vrata moje sobe, i tu bi se rukovao sa mnom. Tri nedelje se rukovao sa mnom, i ja bih ga podrugljivo pogledala, čudeći se zašto me ne poljubi. A onda, jedne večeri, poljubio me je.

Upravo je bio dobio diplomu na Koledžu Lojola u Montrealu, i u septembru je trebalo da krene na Univerzitet Karlton u Otavi, na magistarske studije iz Političkih nauka. Bio je visok i snažan i riđokos – kuhinjsko osoblje ga je zvalo „le grand orange" – i govorio je engleski, kao i mnogi studenti koji su tu radili, kao i francuski, dovoljno da radi svoj posao. Na mene je ostavilo utisak to što je bio stariji od većine nas – imao je dvadeset četiri godine tog leta, a meni je bilo devetnaest – i što je nešto u vezi sa njim bilo drugačije. Njegove naočare sa crnim okvirima bile su upadljive na njegovom belom tenu, i u društvu drugih studenata koji su izgledali kao da imaju samo farmerice i šortseve, izdvajao se u dobro skrojenom, tesnom letnjem odelu u stilu šezdesetih. Endi je izgledao nekako svetski, nekako dobrodušno.

Da li mi je rekao da je Mađar? Zacelo jeste; znao je koliko je to važno, čak i ako ja nisam toga bila svesna. Znam da mi je rekao, ali sigurno nisam obraćala mnogo pažnje. U početku to u stvari i nije bilo važno; postalo je važno tek onda kada je on meni postao važan. U svakom slučaju, nisam imala pojma šta to znači biti Mađar, a sigurno nisam ni slutila koliko će tek važno to postati, 1968. godine, za mladića koji je napustio Mađarsku 1956, ili kakve bi sve to posledice moglo imati.

U mom životu, 1956. godina je bila davna istorija; kako sam mogla znati kako je to izgledalo mladiću koji je imao jedanaest godina kada je postao raseljeno lice? Pošto sam i sama došla sa strane, čini mi se da sam imala autsajderski utisak da su svi ostali kod kuće na ovom čudnom mestu koje se zove Kanada. Ne samo to, nego nisam imala ni predstavu – nije bilo načina da to znam – šta bi to moglo značiti kada je neko deo zajednice, a ne samo član svoje porodice. Zato uopšte nisam mnogo razmišljala šta to znači biti Mađar koji živi u Montrealu kasnih šezdesetih.

Do tada sam već živela u četiri različite zemlje, i proputovala još tri ili četiri. Govorila sam na radiju BBC iz Bazela deci iz Velsa. Išla sam u osam različitih škola, i naučila i uveliko zaboravila nemački i švajcarskonemački i latinski, i sada sam prilično tečno govorila francuski kao i engleski. Objavljivala sam poeziju i članke u lokalnim novinama. Imala sam dva brata i dve sestre, i kao najstarija devojčica postala previše iskusna za svoje godine u gajenju dece i vođenju velikog domaćinstva. Na neki način, drugim rečima, bila sam izložena većim iskušenjima nego većina osamnaestogodišnjaka.

Takođe, vodila sam neobično zaštićen život, i više sam naučila iz knjiga koje sam pročitala nego od ljudi koje sam srela. Jedini svet koji sam zaista poznavala bio je svet moje najbliže porodice. U Montrealu, gradu u kojem je najveća zajednica osim engleske i francuske bila italijanska, živela sam pet godina pre nego što sam uopšte probala picu. I naučila sam da je dan uoči Nove godine dan svetog Silvestra čitajući neobjavljen rukopis Semjuela Beketa, a ne od bilo kojeg poznanika iz Švajcarske ili Montreala.

Zato uopšte nije iznenađujuće što nisam znala gotovo ništa o Mađarskoj. Nikada ranije nisam upoznala Mađara i nikad nisam bila u Mađarskoj. Samo sam bila svesna da u vezi sa Endijem postoji nešto što je različito, i ta razlika mi je bila privlačna.

Deo onoga što je Endija činilo drugačijim od početka bilo je to što je bio od glave do pete on lično. Rekao je da ima dvadeset pet godina, a tek kasnije sam saznala kada mu je rođendan i shvatila da ima dvadeset četiri. Bilo je leto 1969. godine, a on je bio rođen u novembru 1944; imao je dvadeset četiri godine. Nije on lagao, jer, zašto bi lagao? Bilo je to nešto što je imao običaj da radi, govorio da ima onoliko godina koliko će imati posle sledećeg rođendana, i tako radi i dalje, sada kada ima pedeset osam a ljudima govori da ima pedeset devet.

Dugo sam mislila da mora postojati nekakvo kulturom uslovljeno objašnjenje za to, da je to nekakav mađarski običaj koji nisam uspevala da shvatim, ali nikad nisam srela nijednog drugog Mađara – nikoga drugog uopšte – ko ima običaj da dodaje sebi godinu dana. To bi mi izgledalo čudno bez obzira na to ko to da učini. To je u Endijevom slučaju bilo utoliko čudnije zato što je na njemu bilo nečega dečačkog, i još ima. Nisam ja jedina koja ga do dana današnjeg zove Endi.

Bila sam s njim u sobi Q jednog popodneva kada je zazvonio telefon, i on se javio i počeo da govori na jeziku koji nikada pre nisam čula.

Ovo mora biti da je mađarski, sećam se da sam pomislila. Bila sam zapanjena zvukom tog jezika, jednako začuđena pred lakoćom s kojom ga je govorio, smejući se i ćaskajući i zastajući i postavljajući pitanja, baš kao da sve što je govorio savršeno razumljivo. Kao da je savršeno prirodno da čovek čavrlja na to njegovom oštrom jeziku. Nije se ni osvrnuo na mene, nije imao pojma koliko sam bila zatečena. Osećao se lagodno – razgovarao je sa svojom majkom, kazao mi je potom – a ja sam bila u šoku.

Dakle, to je mađarski. Endi blagajnik, *le grand orange*, student Koledža Lojola u Montrealu – moj Endi, ovde kraj mene u krevetu u sobi Q – govorio je mađarski sa svojom majkom kao da je to najobičnija stvar na svetu. On je bio Mađar. Endi je bio Mađar. Došao je iz Mađarske.

Mađarska.

Mađar.

Šta sam ja znala o Mađarskoj i Mađarima?

U stvari, znala sam ponešto, a to znači da sam stvarno znala samo jednu stvar, uz još nekoliko čudnih ideja. To je bilo dovoljno, više nego dovoljno. Ono malo što sam znala bilo je tako privlačno da mi se čini da nikada nisam stvarno imala priliku da se udam ni za koga drugog osim za Mađara.

Jedina smislena stvar koju sam stvarno znala bilo je to da je u Mađarskoj bila revolucija 1956. godine. Imala sam šest godina u to vreme, živela sam u Švajcarskoj, gde je moj otac bio medisinski direktor farmaceutske kompanije Sandoz. Moja sestra Šila rodila se tog septembra i imala je samo nekoliko nedelja. Ja sam bila suviše mala da bih razumela šta se dešava, ali ne i suviše mala da bih bila svesna uznemirenosti. Hoće li se Rusi zaustaviti na austrijskoj granici? Da li je Švajcarska bezbedna? U prodavnicama više nije bilo hrane, pošto su Švajcarci, strahujući od invazije, pravili zalihe.

Poklonila sam svog plišanog mecu dobrotvornom društvu koje je skupljalo odeću i igračke za decu izbeglice. To nije bila velika žrtva, i uopšte se ne sećam tog medveda. Ono čega se sećam je glas spikera na Svetskom servisu BBC-ja, iz noći u noć, dok je oktobar prelazio u novembar.

I tada sam u nekom kasnijem trenutku pročitala i iznova pročitala knjigu pod naslovom *Dobri gospodar*. To nije moglo biti dok sam živela u Švajcarskoj, pošto sam tamo imala malo knjiga, i vrlo jasno se sećam svake od njih. Zato mora biti da sam *Dobrog gospodara* pročitala po povratku u London, kada mi je bilo devet godina.

Bila je to knjiga čija je radnja smeštena u mađarsko selo u nekoj idiličnoj prošlosti. To nikako nije mogla biti daleka prošlost, u stvari, jer, kada sam na kraju otišla u Mađarsku i mogla svojim očima da je vidim, zaključila sam da su mađarska sela i seljaci veoma nalik onima koje je knjiga opisivala. Moja najživlja uspomena je opis bezbroj belih sukanja koje je seljančica peglala i zatim u slojevima nosila nedeljom u crkvi. Tu je bila i slika na kojoj je devojčica imala toliko sukanja da su joj se širile pravo napolje još od struka. To je verovatno preterivanje, sećam se da sam pomislila. Ali nije bilo preterivanje; bila je to doslovna istina. Svojim sam očima viđala seljančice odevene baš onako kako ih je knjiga opisivala. To je jedina slika koja mi je ostala u glavi, to i naslov knjige i neodređen osećaj tesno vezane zajednice. Sve to zajedno me je ubedilo da je Mađarska raj i da su Mađari topli i ljubazni. Već samo to je moglo biti dovoljno, ali je bilo još.

Vrhunac je bila *Moja slatka dama*. Živeli smo u Londonu, meni je bilo deset ili jedanaest godina. Tada nisam gledala taj mjuzikl na pozornici, ali sam otišla da gledam film i imala sam ploču, koju sam slušala iznova i iznova sve dok nisam naučila pesme napamet. Ne samo to, nego sam videla i Reksa Harisona kako odlazi na grob svoje prve žene, u blizini mesta gde smo živeli, u Hampstedu. Znala sam da je ona bila glumica po imenu Kej Kendal, i da ju je on obožavao. Moj otac je bio veliki obožavalac Džordža Bernarda Šoa, tako da sam znala i da je *Moja slatka dama* zasnovana na njegovoj drami *Pigmalion*. Znala sam sve o Henriju Higinsu, tom najneverovatnijem i najprofesorskijem od svih romantičnih junaka, a znala sam i njegovog profesorskog suparnika Zoltana Karpatija, čupavog psa iz Budimpešte, čoveka koji je otklizio preko poda da se sretne sa Elzom na balu.

Otklizio je do nje.

Reks Harison nije baš pevao, naglašeno je izgovarao reči u ritmu muzike, i uživao u određenim rečima. I ja sam uživala u njima. I u imenu. Zoltan Karpati. Bilo je to ime zbog kojeg bi morala da napućiš usta.

A onda i bal.

Bal je bila čista fantazija, i jednako je malo bilo verovatno da će se meni tako nešto desiti, kao i samoj Elzi Dulitl. Ja nisam bila ćerka kokni đubretara koga je igrao Stenli Halovej; ja sam bila unuka brodogradilišnog radnika iz Belfasta po imenu Semjuel Lit. Moj otac je dobro uspeo, svakako, i ja sam bila ćerka doktora koja je išla u veoma dobru školu u Kamden Taunu u kecelji zelenoj kao flaša i sa beretkom sa značkom.

Ali bal?

Bio je to svet koji nisam mogla ni da zamislim. Znala sam svaku reč pesme „Mogla bih da igram celu noć".

Bio je to početak i kraj mog znanja o Mađarskoj do dana kada sam sa Endijem ležala u krevetu u sobi Q, i telefon je zazvonio i on počeo da čavrlja na mađarskom.

To je bilo više nego dovoljno. Nisam imala pojma koliko je Endiju bilo važno, čak i tada, što je Mađar. Uopšte nije bilo načina da zamislim koliko će to još važnije postati kada bude stariji. Samo me je zaprepastilo što ga čujem kako govori taj tuđinski jezik, zaprepastilo i zaintrigiralo. Nekada je bio sam Endi. A sada je, odjednom, postao Princ od Transilvanije.

„Gde ste sada, Endi?“, pitala sam ga preko telefona tog septembarskog jutra pola životnog veka kasnije, zamišljajući polja suncokreta na putu iz Budimpešte ka jezeru Balaton. Još sam ga zvala Endi, imenom pod kojim sam ga upoznala; on će za mene uvek ostati Endi. Ali u Mađarskoj je bio Andriš – bilo je to ime od milja kojim su ga zvali u porodici i među prijateljima – ili, tačnije i formalnije, Andraš. Njegovo puno ime, u stvari, bilo je toliko da ti napuni usta: Andraš Barnabaš Hugo Elemer Oliver. Ime su mu dali ne samo po ocu nego i po dva strica – Barnabaš po stricu, a Oliver po ujaku – i po jednom i drugom dedi, Hugo i Elemer, od kojih je ovaj poslednji pater familias na porodičnom imanju u Čemeru. „Da li ste još na autoputu?“

„Ne, sišli smo sa autoputa. Sad smo pred Sekešfehervara.“

Sekešfehervar.

Nisam mnogo razmišljala o Sekešfehervaru poslednjih godina. To je mali grad na istočnom kraju zelenog jezera, na otprilike pola puta između Budimpešte i vinograda koji je Endi kupio na brdu Sveti Đorđe. Mogla sam da vidim drum kao da mi je pred očima, spore automobile kako zakrčuju traku za preticanje, rasklimatane stare kamionete kako bljuju dim, zgrade oker boje u daljini – Franja Josif žuta, zvali su je Mađari. U Mađarskoj, bilo je popodne; za sat vremena stići će do vinograda.

„Zvaćemo ponovo tokom vikenda“, rekao je Endi. „Lien će se vratiti za Montreal u ponedeljak.“

Zaboravila sam da se raspitam za podatke, ali ima vremena da saznam da li bi volela da je dovezem s aerodroma. A kako li se snašla, upitala sam se pošto smo se oprostili. Da li je Adam dobro brinuo o njoj? Da li je stvarno *nagyon jó*?

Nadam se da jeste.

III

Kada se leto u Manoar Rišeljeu završilo, vikendom sam odlazila u Otavu da se viđam sa Endijem. On je imao sobu u studentskom domu Glengeri Haus, imao je taj luksuz da ima zasebnu sobu.

Smatrao je da je to ime smešno, Glengeri. Njemu je izgledalo kao kombinacija dva tipično kanadska imena, Glen i Geri. Meni to nije izgledalo ništa naročito, više ime nekog mesta nego nekog čoveka, pošto sam imala tu prednost da sam od svoje bake celog života slušala *„Up the airy mountain, and down to the rushy glen"*. Ali i ja sam bila stranac, i bila sam na Endijevoj strani. Znala sam koliko komično može da bude neobično ime. Bila sam dvanaestogodišnja devojčica, u Okrugu Slajgo, kada sam upoznala zgodnog mladog Francuza po imenu Žan-Žak, koji je radio u Hananovom hotelu, u kojem smo odseli u Maloumoru. Sećam se kako smo se moja braća i ja danima šalili na račun tog Džona Džeka.

Trebalo je da budem pametnija. Imala sam svega šest godina kada sam postala Linda Lajt, kako su Švajcarci izgovarali Linda Lit. A sada polako postajem neko sasvim drugi.

Endi, pošto je bio stranac, kao da nije razumeo da nema skraćenog oblika za ime Linda, i počeo da me zove ne samo Lin i Lini, nego i Linoleum i – ponesen svojom drskošću – Mala Alisa, uz čitav niz mađarskih deminutiva poput Linduči i Lindučikam, Linduš i Linduška, koje su mi različiti članovi porodice izdevali.

Vidala sam se s njim i u Montrealu, s vremena na vreme, ali to nije bilo dovoljno. Preselila sam se nazad kod svoje porodice da završim poslednju godinu u Mek Gilu, a on je ostao kod svojih roditelja u kampusu Koledža Mekdonald u Sent An de Belvi, tako da je bilo gotovo nemoguće da nađemo mir koji smo želeli kada bismo se sretali u Montrealu.

Postojao je jedna veliki izuzetak: noć koju smo proveli u hotelu Vindzor.

Kako je Endi znao da treba da me odvede na Mađarski bal? Da li sam pevušila melodije iz *Moje slatke dame*? To nije naročito verovatno, niti, moram priznati, sasvim izvan granica mogućeg, ali odlazak na bal nije bio onoliko iznenađujući predlog kao što mi se učinilo kada mi je to prvi put rekao. Bal je možda za mene bio fantazija, pa čak i danas, posle svih ovih godina, još se osećam čudno, kao da se hvalim, kada govorim o odlasku na bal. Ubrzo sam, međutim, otkrila da je bal stvarni deo Endijevog života.

U Montrealu postoji nešto što se zove društvena sezona, naučila sam te zime, i Mađarski bal za svetog Stefana u hotelu Vindzor bio je – i ostaje do današnjeg dana – najuglađeniji i najotmeniji bal u sezoni. Ne samo to, nego je i Endi, Endi *le grand orange* iz sobe Q i sam prisustvovao balu mnogo puta pre toga, igrajući nacionalni palotaš prilikom svečanog otvaranja i bio pratilac ove ili one debitantkinje na zahtev porodičnih prijatelja. Njegovi roditelji više nisu dolazili, ali su došli kad su njegove sestre, starije od njega neku godinu, i same bile debitantkinje.

Sve ovo zvuči grandiozno, pa i sam bal je bio veličanstven. Endi i njegova porodica, međutim, uopšte nisu bili veličanstveni. Nekada davno, u Mađarskoj, bili su imućni, ali rat i Rusi i revolucija i izgnanstvo su naplatili danak davno pre nego što sam ih ja upoznala. Pobegli su iz Mađarske sa svoje troje dece i gotovo ničim osim odeće koju su imali na sebi 1956, zatim su mesecima bili u izbegličkom logoru u Austriji, čekajući da vide koja će ih zemlja prihvatiti, za čim je usledilo još nekoliko meseci u logoru za raseljena lica negde u kvebečkim selima, čekanje da im neko ponudi posao.

Govorili su samo mađarski kada su stigli. Endijeva majka, Edit, znala je nekoliko reči nemačkog, mada joj to i nije bilo od neke pomoći u novom životu. U nedeljama tokom kojih su čekali da Endijevom ocu Bandiju, koji je bio agronom sa Univerziteta u Debrecinu, bude ponuđen odgovarajući posao, imali su loše iskustvo kao posluga u vili Vestmaunt. Edit, lepotica uranim tridesetim te 1957. godine, primljena je kao kuvarica, i od nje se očekivalo da sprema jela – na primer, tost i šniclu – koja nikada u životu nije jela. Osim toga, gazda kuće joj se seksualno nametao, pa je najveći deo vremena provela držeći se za glavu od očajanja.

Bandi – Bandi je mađarski ekvivalent za Endi, skraćeno od Andraš – trebalo je da bude batler i vozač. Dve devojke su našle posao kao majčine pomoćnice, a sam Endi, koji je novembra 1956. godine napunio dvanaest i koji nije znao ni reč engleskog ili francuskog, provodio je cele nedelje u spavaćoj sobi u gornjem Vestmauntu gledajući televiziju i slušajući Elvisa na radiju; tek mnogo godina kasnije je shvatio da je pesma koju je on znao pod nazivom *Mošuka* u stvari bila *I'm All Shook Up*.

U poslednjem trenutku Bandi se zaposlio u Koledžu Mekdonald, koledžu za agrikulturu na Univerzitetu Mek Gil, pa su se svi preselili u Sant An de Belvi na zapadnom kraju Montreal Ajlenda.

Bandi je imao četrdeset tri godine, i još je bio zgodan. Kao mlad čovek bio je tako lep da su ga zvali da pozira za skulpturu koja i dan danas stoji na gradskom trgu u centru Vaca, severno od Budimpešte. Edit je sreo tridesetih godina, kada su on i njegov ortak, Laci Bodoči, vodili uspešan posao proizvodeći testo. To su bili dani kada je Editin otac imao značajan položaj u tadašnjoj državnoj vladi, i kada je porodično imanje u Čemeru bilo na vrhuncu slave, sa teniskim terenima, primamljivim bazenom i voćnjacima u kojima su rasle kajsije i šljive i kruške za zimnicu i za palinku. Bandi se oženio Edit, kojoj je tada bilo sedamnaest, a Laci se oženio njenom starijom sestrom, Madi.

S kolektivizacijom poljoprivrede početkom pedestih godina, Bandi je počeo da radi u raznim državnim dobrima a porodica je živela u mnogim selima u unutrašnjosti Mađarske. Posao ga je vodio daleko od sela u kojem su živeli, pa se vraćao kući na konju kad god bi mogao da ostavi posao. Na sreću, državno dobro kojim je upravljao kada je izbila revolucija 1956. godine nalazilo se na granici sa Austrijom. Pošto se protivio diktatu zvaničnika Komunističke partije na nekom državnom imanju, proglašen je za narodnog neprijatelja; došlo je vreme da se ide. Edit nije bila raspoložena da ode, ali Bandijevo mišljenje je prevladalo. Spakovali su šta su mogli da ponesu i seli u zaprežna kola po mrkloj noći; kočijaš koji ih je prevezao do granice uhapšen je i proveo je tri godine u zatvoru zato što je porodici pomagao u bekstvu.

Bandijev prvi posao u Koledžu Mekdonald bio je posao đubretara na kampusu. Kada je naučio engleski, dali su mu da radi poslove vezane za njegovu struku, pa je tako na kraju postao upravnik ogledne farme i mogao da iznajmi kuću u kampusu. Odbio je punudu da predaje, smatrajući da njegov engleski nije na visini zahteva profesorskog položaja.

Edit se posle nekoliko godina zaposlila kao pomoćnik u katalogu biblioteke na koledžu, gde je ubacivala podatke u kataloške listiće koristeći naročitu pisaću mašinu sa sitnim slovima.

Na ručak su odlazili kući, pešačeći preko kampusa. Edit bi uvek spremila neku supu. Kuvala je najbolju supu koju sam jela, i najbolje kekse s lešnikom. Kada bi seli da ručaju, ona bi stavila svoj mali aparat za pravljenje espresa na plotnu, da bude sigurna da će imati vremena za kafu pre nego što krene nazad na posao.

Endijevi roditelji nisu ni približno tako uspešni u Kanadi kao moji, ali bal je bio deo sveta njihove porodice kao što je, na primer, monopol bio deo sveta moje. Postojao je izvestan trošak, naravno – mnogo veći nego izazak na večeru – naročito ako je trebalo kupiti ili iznajmiti odgovarajuću odeću; to je svakako predstavljalo posebnu priliku za članove mađarske zajednice u Montrealu, kao što je *Boxing Day* u monopolu predstavljao posebnu priliku za sedam članova porodice Lit. I ako je monopol bio vožnja na velikom toboganu između svega i ničega, bal je mađarskim emigrantima bio podsećanje na raj – i to na izgubljeni raj.

Bila sam oduševljena. Obožavala sam raskoš i ceremonije, palotaš i debitantkinje sve u belom, čardaš – Endi me je naučio čardaš, i ja sam ga igrala s velikim uživanjem – kao i valcere. Za vreme prvog valcera na plesnom podijumu mora da je bilo šesto ili sedamsto ljudi, i sećam se da sam se osećala istovremeno ošamućena i čudnovato odvojena od svega toga, kao da sam preneta u neku drugu sferu iz koje sam mogla da posmatram sebe kako igram valcer na balu. Bilo je to više nego što sam očekivala, i to mnogo, više nego što sam očekivala u celom životu. Večera je poslužena u ponoć, i igrali smo skoro cele noći a zatim otišli u hotelsku sobu koju se Endi setio da rezerviše za nas. Sve je izveo savršeno, i sve je bilo tačno onako kako je i trebalo. Iskrsla su samo dva iznenađenja.

Jedno je bilo elegancija cele prilike. Imala sam haljinu od krem i zlatnog brokata, i majka mi je pozajmila svoju belu bou od nojevog perja i duge zlatne večernje rukavice. Haljina mi nije pristajala baš onako dobro kao što je trebalo, ali se presijavala, i bila sam prilično zadovoljna njome dok nisam videla kako izgledaju žene zaista doterane za jednu onakvu priliku. Pre su ostajale prigušene nego što su se presijavale. Pre su zračile nego što su sijale.

I nijedna od njih nije nosila rukavice do lakata. Mali red presvučenih dugmadi nalazio se na zglobu rukavica, tako da možeš da otkriješ šaku a da ih ne skidaš. To mi je izgledalo mudro kada sam probala rukavice kod kuće, ali kada su stigli kanapei, osećala sam se blesavo što mi prsti rukavice vise oko zgloba. U neznanju i neiskustvu, nije mi palo na pamet da zavučem rukavice u rukave.

Drugo iznenađenje delimično je bilo povezano s onim prvim. Pošto sam odrasla u ekscentričnoj porodici zatvorenoj u svoje jezgro i bez dugotrajnih veza sa bilo kim van kuće, na izvestan način sam bila prilično neupućena devojka koja je svakako vodila veoma neuobičajen i povučen život. Reč mentol nije bila izmišljena, i kao da se odnosila uglavnom na neprivlačne ljude koji su skupili tajanstvene informacije i znanja i koji odećaju nelagodnost u društvu. Ja sam izgledala prilično normalno – neki su smatrali da sam lepa – ali mi je ta reč inače sasvim dobro pristajala. Znala sam reči iz opereta Gilberta i Salivena, i iznenađujući broj pojedinosti o Džordžu Bernardu Šou. Zvaršila sam školu kao najbolji učenik škola na Vest Ajlendu i pročitala većinu dela H. Dž. Velsa i Olafa Stapldona. Umela sam da sečem irski hleb na četvrtine, i znala imena većine uzoraka kanadskog stakla i kako se igra vist, ali nisam znala ništa o tome kako društvo zaista funkcioniše. Nisam znala ništa o tuđim stvarima – nije mi padalo na pamet da se zanimam za tuđe stvari, pošto sam smatrala da sve mogu da naučim iz knjiga – i smatrala da je prirodno da budem potpuno nepoznata drugima.

U školi sam, naravno, imala onakve odnose kakve obično imamo sa školskim drugovima i nastavnicima, ali je čak i to bilo ograničeno, i poučili su me da ne dovodim prijatelje kući. Niko od mojih školskih drugova nije znao, na primer, da sam živela u Bazelu i išla u školu na nemačkom. Niko nije znao da su moji roditelji članovi komunističke partije. Drugi ljudi su za mene bili stranci, ma koje nacionalnosti da su, i ja sam bila stranac za njih.

Jedini važan izuzetak bio je Endi. On je o meni do tada već saznao mnogo, i nisam imala razloga da sumnjam da će on sve to zadržati za sebe isto onako kao što i ja činim. Grešila sam u tome, kao i u mnogo čemu drugom. Pošto nikada nisam znala za zajedništvo van najbliže porodice, imala sam utisak da je i on – i svako drugi – bio isto onako izolovan kao i ja.

Tako je za mene bilo pravo otkriće kada sam shvatila da se većina ljudi koje sam srela na balu međusobno poznaju, i da svakako poznaju Endija i njegove roditelje kao i mnoge njegove rođake u Budimpešti. Kada smo nas dvoje otišli u Koledž Mekdonald da posetimo njegove roditelje sledećeg popodneva, još mnogo više sam se iznenadila kada sam čula šta su ih sve njihovi prijatelji izvestili o meni preko telefona.

Postala sam vidljiva. Odjednom, prvi put u životu, bila sam svesna da sam deo većeg sveta. Jedva da sam znala šta da mislim o tome. U tome je bilo nečega uznemirujućeg, svakako, kao kada se čovek iznenada nađe pod svetlošću reflektora. Bila sam na poslednjoj godini u Mek Gilu, i pisala sam sastave o Kafki i Beketu, koje sam smatrala veoma intelektualno podsticajnim, mada su mi ti usamljeni divovi pružali hladnu utehu. Zato je bilo i nečega veoma privlačnog u tom vrlom novom društvenom svetu. Ili sam slutila da bi moglo biti, samo ako bih na njega mogla da se naviknem.

Zar nije svet *Dobrog gospodara* takav svet, gde svako u selu zna sve što se tiče svih drugih? Samo što nisam shvatila šta ta vrsta bliskosti znači, u stvari, i kako ću se ugroženo osećati kada mi Edit bude rekla sve što mi je kazala.

Prebirala sam po zamagljenom sećanju na lica koja sam videla prethodne večeri. Ko su bili ti prijatelji koji su zvali Edit? U kojem trenutku tokom večeri smo se sreli? Da li je to bilo pre nego što su posluženi kanapei? Da li sam još nosila rukavice? Osećala sam se kao da svi gledaju u mene, i na kraju sam ih sasvim skinula.

A šta sam ja govorila? Nemam pojma, a to nije nimalo ohrabrujuće. Osećala sam se nelagodno i nekáko izdano. Činilo mi se da ima neke nepravde u tome što ljudi koje sam tek upoznala pričaju iza mojih leđa. Sada mi to izgleda šašavo, ali zacelo sam o tome razmišljala kao o privatnim razgovorima, a ti ljudi su, eto, kratak susret pretvorili u međunarodni incident. To što sam postala deo sveta u kojem su ljudi pokazivali zanimanje za mene i još se i mučili da prenose kako sam izgledala i šta sam govorila bilo je za mene isto tako novo i neočekivano kao i igranka koja traje celu noć.

To je bilo ono što sam želela celog života.

IV

To je bilo u martu. Moji roditelji su se spremali da se presele u Brisel tog leta, gde je moj otac, koji se izvanredno pokazao na poslu u Montrealu, trebalo da postane medicinski direktor Pficera za Evropu. Spremala sam se da pođem s njima, zajedno sa ostalim članovima porodice.

To bi značilo da ću napustiti Endija, koji je završavao magistraturu i tražio posao u Montrealu. Oboje smo se staloženo suočili s mogućnošću rastanka. Sa svoje strane, bila sam srećna što ću biti u Evropi, gde sam bila ubeđena da će svet biti moja školjka. Nisam imala pojma šta želim, ali nisam imala ni trunke sumnje da ću to naći u Evropi.

Nisam imala nikakav određen plan, samo neodređenu želju da vodim boemski život kao pisac. Imala sam nejasnu predstavu o kvalitetu evropske kulture i još zbrkaniju predstavu o tome kako bih u njoj mogla da nađem svoje mesto. To je svakako uključivalo i nekog muškarca. Ne verujem da sam ikada to baš ovim rečima kazala, i uopšte nisam planirala da se udajem, i još manje da imam decu, ali mi je danas jasno kao dan da sam nedvosmisleno očekivala da će u sve to biti uključen neki muškarac, i to po mogućnosti neki koji ima aston martina. Bila sam ubeđena da će neko, neki dobri Evropljanin, prepoznati moje talente i odlučiti o mojoj sudbini.

To je bila ludost, naravno, i stvari nisu ispale onako kako sam se duboko, i neodređeno, nadala.

Ali to nije zaista bilo baš tako neodređeno. Želela sam da budem pisac, svakako, i da budem nezavisna. Nisam zamišljala da ću ikada biti velika zvezda – to bi me uplašilo – ali mi se dopadala ideja da budem zvezda na svoj mali način, da mi se dive za moja dostignuća u svemu u čemu odlučim da radim.

Bilo je još toga, shvatam dok razmišljam o devojci kakva sam bila u to vreme. Želela sam da imam književni salon u nekom kosmopolitskom gradu, prijateljstvo sa umetnicima i intelektualcima, intrige i uzbuđenja, gomilu burnih veza, možda, s briljantnim i talentovanim muškarcima, i jednu veliku ljubav.

U stvari, to je bio iznenađujuće detaljan san. Odakle mi to? Tražeći u sećanju moguće izvore te ambicije, mislim da se morala začeti u nekim napola shvaćenim pričama o Madam de Stal, Žorž Sand, i Lu Andreas Salome.

U Evropi sam srela mnoštvo muškaraca, ali nijedan od njih nije bio Evropljanin, nijedan dobrodušan, i nijedan nije odlučivao o mojoj budućnosti. Ipak, zaista treba da pazimo šta želimo. Trebalo mi je mnogo više vremena nego što sam zamišljala, međutim, pola života duže, ali je čudno to što sam na kraju dobila većinu onoga što sam želela, sve do aston martina, koji će se nakratko pojaviti kasnije u priči u obliku trijumfa TR6. I ne samo to, dobila sam i mnogo više nego što sam ikada sanjala.

Sećam se da sam razmišljala kako je Endi trebalo da pokaže neki znak neraspoloženja što ja odlazim u Evropu tog leta. Možda se osećao nespreman da se na bilo koji oblik obavezivanja koji bi se mogao ponuditi kao alternativa. U svakom slučaju, ništa takvo nije pokazao.

Otišla sam iz Montreala u junu i prvih nekoliko meseci provela u Oudergemu, flamanskom predgrađu Brisela, gde su moji roditelji iznajmili kuću. Cela porodica je bila tamo, svih sedmoro, i bili smo daleko od Brisela i nismo bili kadri da lako nađemo put do centra grada a da pritom ne uzimamo porodični automobil. Moj stariji brat i ja odlazili smo u bioskop u centru grada, a zatim u Britanski pab, gde muškarac koji se upustio u razgovor sa mnom nikako nije hteo da poveruje da je Ijan zaista moj brat. Brajan i ja smo ponekad šetali do jezera Ženval, gde se nalazio hotelski bar. Razgovarali smo o devojci koju je on ostavio u Montrealu, i ja sam pričala o Endiju. Dok bismo se vratili nazad, on bi već iz sveg glasa pevao *A Whiter Shade of Pale*. Sanjala sam o tome da nađem neki mali posao u Oudergemu, a u septembru sam se preselila u Pariz.

Nekih šest meseci provela sam u potrkovlju u blizini Luksemburškog parka. Upisala sam se na Kurs francuske civilizacije na Sorboni. Potajno sam tražila neki politehnički kurs o tome kako da postanem književna diva, a ovo mi se činilo kao sledeća najbolja mogućnost.

Zarađivala sam za život dajući časove engleskog vlasnikovoj ćerki, mnogo slušala muziku – ili tačnije, mnogo iste muzike, pošto sam imala veoma malu zbirku ploča među kojima sam mogla da biram – i družila se sa šarolikom grupom studenata iseljenika. Nisam imala prava da radim u Francuskoj, ali sam tržište rada ipak držala na oku, za svaki slučaj, pa bih se ponekad javila na neki oglas za statistu u filmu, ili za posao nastavnika engleskog u Tunisu na određeno vreme. Mnogo vremena provodila sam pišući poeziju i istražujući grad i muzeje. Proučavala sam lica Parižana na ulicama da vidim pokazuju li da uopšte shvataju koliko su srećni što žive u tom gradu.

Jedva da sam se nekako snašla kada je Endi odlučio da mu nedostajem. Proveo je razočaravajuće leto sa svojim roditeljima u kampusu na Mekdonaldu, gde su ga primili da predaje kurs na Koledžu Lojola baš pred početak jesenjeg semestra, pa je sada iznajmio stančić u gradu, u ulici Taper. Počeo je da mi piše dugačka pisma, pa ih je kućepaziteljka, sitna Portugalka zabrinutog izraza lica, ostavljala pred vratima moje sobice u potkrovlju. U jednom od tih pisama molio me je da se vratim u Montreal, pisao mi o novoj pesmi koja mu se sviđa. Sledećeg dana pred mojim vratima stajao je tanak paket. Poslao mi je singl, koji je stigao u komadima. Kada sam mu javila za to, poslao mi je još jedan primerak. Ljuštila sam sloj po sloj omota i kartona i na kraju spustila ploču na moj mali jeftini gramofon. Pesma se zvala *Verujem u ljubav*.

Bila sam polaskana i zadovoljna. Bila je to upečatljiva izjava ljubavi, morala sam da priznam. Smatrala sam da je to nešto čime me je Endi obavezao, i zahvalila sam mu se, ali nisam žurila da mu uzvratim. Bila sam do ušiju zaljubljena u Pariz, u svoj boemski život i u ideju da postanem pisac. A da i ne pominjem da sam bacila oko na jednog izbeglicu.

Šta se promenilo? Počela je zima. Pisala sam mnogo, ali nikako nisam bila ubeđena u vrednost toga što sam pisala. Ispravljala sam i prepravljala, što mi se činilo naporno, a na kraju i obeshrabrujuće. Kurs na Sorboni se sastojao od dugih, dosadnih predavanja na kojima nije bilo nikakve mogućnosti za diskusiju. Držanje časova padalo mi je lako i učenica je bila prijatna i bistra, ali to nesumnjivo nikuda nije vodilo. Nijedan drugi posao za koji sam se raspitivala nisam dobila. Osećala sam se besciljno i postajala sve uznemirenija. A tada je izbeglica za koga sam se zanimala otišao iz Pariza i nije mi pisao.

Barem sam ja mislila da nije pisao. Neko vreme, tokom januara, nije bilo nikakvih pisama pred mjim vratima. Posle nekoliko nedelja takvog ćutanja, moje zaprepašćenje je postalo tako veliko da sam pokucala na kućepaziteljkina vrata u prizremlju da se ljubazno raspitam da li je nešto stiglo za mene, i da je obavestim da očekujem pismo. Pogledala me je na način koji nisam umela da protumačim, i suvo mi kazala da nema pisama za mene. Tek više od godinu dana kasnije saznala sam da mi je moj prijatelj izbeglica u stavri zaista pisao. Tada su se naši putevi već razišli.

Tek mnogo kasnije mi je sinulo. Dvadeset godina kasnije, u stvari, dok smo živeli u Mađarskoj, gde je Endi tačno znao kome daje napojnicu, za šta, i koliko; bila sam tako zadivljena njegovim pregovaračkim sposobnostima u stranoj zemlji, tamo gde je za mene bila strana zemlja. Tada mi je napokon palo na pamet da je moja pariska kućepaziteljka zacelo očekivala da joj dam napojnicu, i da je sa gnušanjem počela da baca moju poštu kada je Božić došao i prošao a da joj se ja nisam valjano zahvalila na njenim uslugama.

U vreme kada mi je to palo na pamet, već sam dovoljno videla i mnogo naučila, uglavnom od Endija, tako da mi je izgledalo očigledno da je trebalo da dam napojnicu kućepaziteljki, i stidela sam se što mi to uopšte nije padalo na pamet u to vreme. To je bilo objašnjenje za one poglede iskosa. Zašto nisam umela da ih pročitam? Zašto nisam bar pitala nekoga šta se to zaboga dešava?

Odgovor je bio jednostavan. Nisam znala dovoljno da bih umela da prepoznam da postoji neki problem. Došla sam iz sveta u kojem niko nije očekivao od dvadesetogodišnjakinje u farmericama i sa dugom kosom da daje napojnice kućepaziteljki. Došla sam iz sveta u kojem nije ni bilo nečega kao što je kućepaziteljka, i nisam imala blagu predstavu šta znači biti kućepaziteljka Portugalka u Parizu. Meni se činilo da se ona snašla, da je našla svoje mesto, u poređenju s mojim nesređenim stanjem, svakako. Nikako nisam mogla da shvatim koliko je ona bez tla pod nogama. I mora biti da sam ja njoj izgledala kao povlašćena Amerikanka.

Ona je bila u pravu, a ja sam grešila. Istina je da sam sastavljala kraj s krajem tokom onih meseci koje sam provela u Parizu, ali je u osnovi ona ipak bila u pravu. Mogla sam da nađem nekoliko franaka da joj pokažem svoju zahvalnost, samo da mi je palo na pamet da ona očekuje napojnicu. Naravno, kada sam shvatila šta se desilo, već je bilo prekasno da bilo šta popravim. Još jedna stvar koju treba pripisati neznanju i neiskustvu; odnosi sa strancima uče nas da budemo ponizni. Život nas uči da budemo ponizni. Ja sam, svakako, provela život učeći se poniznosti, i ovde u Montrealu, isto koliko i u Parizu i Mađarskoj. Moram da pognem glavu kad pomislim kakve sam sve greške napravila.

Ni Endijeva pisma nisu stizala neko vreme te zime. To me je manje brinulo, u Endija sam bila sigurna. Bio je primljen na postdiplomske studije na Londonskoj školi ekonomije, i trebalo je da se preseli u London u septembru. Ne samo to, nego smo i razgovarali telefonom kada sam otišla u Brisel na odmor. Da li sam tada odlučila da mu se vratim u Montreal? Da li sam uopšte nešto odlučila? Nisam sigurna da je ikada bilo neke istinske nedoumice u tome da li ću se vratiti Endiju.

U februaru sam sletela u Dorval i uselila se kod Endija u stančić u ulici Taper u Montrealu. Nijedno od nas nije imalo pojma koliko je to veliki korak, niti koliko ćemo godina proživeti zajedno posle toga, ali je već bilo jasno da ću najesen ići s njim u London.

Često sam odlazila iz Montreala, i uvek sam se

vraćala. To je grad u kojem se najviše osećam kod kuće; najhumaniji i najdopadljiviji od svih gradova koje sam upoznala. A ja volim gradove; detinjstvo sam provela u gradovima, i mislim da su udobni, baš kao što Endi uživa u životu na selu.

Montreal je human onoliko koliko pravi grad to može da bude, grad dovoljnio veliki da izdržava pozorišta i orkestre i festivale i dobre restorane i sva druga mesta koja želite da imate pri ruci čak i kada niste neposredno zainteresovani da tamo odlazite. Montreal ima svest da ima svoje mesto u svetu, ima prepoznatljivu ličnost, nesigurnu i ironičnu. Human je po svojim protivrečnostima, svojoj mešavini naroda i jezika, i po tome što dopušta ljudima da imaju svoje slabosti, kao i potrebu da se zabave.

Dan pošto sam stigla, vejavica je paralisala grad. Endi i ja smo išli pešice celom ulicom Sent Katrin, zajedno sa hiljadama drugih, veseleći se što nema automobila i što novi sneg donosi zabavu u danu kada nema šta drugo da se radi osim da se prihvati ta činjenica. Bila sam srećna što sam se vratila u Montreal. Oboje smo bili srećni, srećni što smo ponovo zajedno, srećni što kujemo planove.

Međutim, bio nam je potreban novac. Brzo sam dobila posao kao sekretarica u kompjuterskoj kompaniji Hanivel na uglu Univerzitetske i ulice koja se tada još zvala Dorčester, a sada Bulevar Rene-Levesk. To je zaista bilo daleko od mojih boemskih ambicija, i znala sam to. Moja jaka strana, što se tiče plaćenih poslova, bila je ta što sam umela da kucam, pa sam uvek mogla da dobijem posao kao sekretarica. Bila je to i moja slaba strana; toliko mi je bilo lako da nađem takav posao, u kojem nisam previše uživala, da nikada nisam otišla previše daleko da bih potražila neku zanimljiviju mogućnost.

Hanivel je bio koristan za prvu nuždu; tako sam nalakirala nokte i kupila sebi novu mini-suknju i cipele s visokim potpeticama. Moj gazda, oženjen četrdesetogodišnjak, pozvao me je u svoju kancelariju dva puta tokom onih meseci kada sam radila za njega. Jednom je to uradio zato da bi me pitao da li bih volela da idem na obuku za kompjuterskog programera, a drugi put da me pozove da iziđemo zajedno. U oba slučaja, i to iz ne baš različitih razloga, pogledala sam ga s nevericom i odbila ga. Imala sam predstavu o sebi koja nije uključivala ni njega ni kompjutersko programiranje; čak i mnogo kasnije, kada sam saznala koliko je unosno ovo poslednje moglo da se pokaže, znala sam da za mene ne bi bilo.

Endi je uzeo zajam od banke pre nego što smo napustili Montreal u septembru, ali čak i uz taj pojas za spasavanje nas dvoje zajedno nismo imali ni približno dovoljno kada smo se ukrcali na let za London. A kakav je tek to let bio! Bilo je to 1971. godine, i avion je bio pun mladih ljudi koji su krenuli u Evropu na studije, putovanje, ili oboje. Takođe je bio pun dima marihuane. Tada je pušenje u avionu bilo dozvoljeno; nemam pojma da li je neki propis izričito zabranjivao travu, ali je posada veselo prelazila preko toga, ako je i bilo tako. Svi smo se muvali naokolo po avionu i ćaskali s drugim putnicima.

Džulius Grej je jedan od onih kojih se sećam. Srela sam ga mnogo godina kasnije na nekoj večeri u Montrealu; u to vreme je već bio ugledan advokat, a ja sam izdavala časopis Matriks, kojem su se i on i njegova žena Lin divi. Nas dve smo se sprijateljile, i neku godinu kasnije smo zajedno radile u Federaciji pisaca Kvebeka. I Džulijus se sećao tog leta za London.

On je krenuo u Oksford te večeri, pa su on i Endi zapodenuli dugu raspravu o značenju 1956. godine. Džulijus, kao Poljak, tvrdio je da je to kontrarevolucija, a Endi je uporno tvrdio da je to bila revolucija. Endijeva politička shvatanja doživela su ogromnu promenu dok smo boravili u Londonu, ali nikada nije promenio svoje gledanje na tu stvar. Presedela sam na bezbroj političkih rasprava među Mađarima svakojakih političkih ubeđenja, pa sam čak došla i dotle da sam mogla da shvatim većinu stvari o kojima su govorili. Tek treba da sretnem Mađara koji se ne bi složio s Endijem kada o 1956. govori kao o revoluciji.

V

London je bio mesto gde je naš život istinski za-
počeo, i prva godina bila je teška. Bilo je i pravih ne-
daća, pošto je vrlo brzo postalo jasno koliko su naša
sredstva tanka, a i došlo je do prvih sudara u našoj vezi.
Nijedno od nas nije umelo da sa time naročito dobro
iziđe na kraj.

Iznajmili smo dva sobička u potkrovlju na Masvel
Hilu od para koji se nama činio kao postariji, a muška-
rac je stvarno i umro te zime. Na odmorištu se nalazila
plotna na koju je mogao da stane samo jedan čajnik, i
nezasiti merač struje koji smo hranili šilinzima. Koliko
god da smo šilinga potrošili, grejanje je bilo tako slabo
– bile su to samo dve tanke usijane šipke – da je cele je-
seni i zime unutra bilo hladnije nego napolju.

Ako biste seli dovoljno blizu grejalice kako biste
osetili ikakvu toplotu, opekli biste se; ako biste se ma-
kar malo odmakli da se ne opečete, smrzli biste se. Na-
ravno, u zgradi uopšte nije bilo izolacije, pošto su En-
glezi u to vreme imali iracionalno poverenje u grejne
sposobnosti Golfske struje. U svakoj sobi imali smo
mali prozor, i prozori su tako slabo dihtovali da su pa-
mučne zavese lepršale kad god bi napolju dunuo vetar.
U novembru smo dušek prebacili u sobu sa grejalicom,
i bili bismo potpuno obučeni, sa čarapama i rukavicama
bez prstiju kada bismo navukli preko sebe pokrivače i
slušali gugutanje goluba koji su se ugnezdili ispod stre-
he.

Znali smo do poslednjeg penija kuda nam je novac odlazio, ne iz škrtičluka, nego iz čiste nužde. Prosto nismo mogli da dozvolimo sebi ništa osim najosnovnijih stvari, i nismo mogli, na primer, da sebi dozvolimo čak ni luksuz da kupimo novine za pet penija, a kamoli neki časopis ili knjigu.

Jednom nedeljno odlazili smo u kupovinu u Masvel Hil. Išli smo u delikatesnu radnju, pošto je to bilo jedino mesto gde smo mogli da kupimo debrecine i kiselu pavlaku.Izuzev toga, nismo bili odani nijednoj radnji, nego smo kupovali gde god bi mleveno meso, najskuplja stavka na našem spisku, bilo najjeftinije te nedelje. U danima kada smo išli u kupovinu, Endi bi pržio svinjsku džigericu sa crnim i belim lukom i paprikom. Sledeća tri dana bismo jeli špagete sa sosom od mesa, a preostala tri dana u nedelji, krompiri i kobasice u jelu zvanom krompir-paprikaš. Verovatno se ne treba čuditi tome što nisam smogla snage da više ikada pogledam ijedno od tih jela za trideset godina koliko je proteklo od prve godine koju smo proveli u Londonu. Subotom uveče odlazili smo u pab gde je Miranda, ćerka naše gazdarice, radila za šankom, gde bismo popili samo po pola pinte piva svako. Ispijali smo ga najsporije što smo mogli pre nego što bismo se vratili u hladan stan, i to nam je bila jedina zabava za celu nedelju.

Zašto nismo tražili pomoć? Endijevi roditelji, koji su bili raspoloženi, nisu imali sredstava, a ja sam se ustezala da pitam svoje roditelje. Moj otac bio je ubeđen da „ko plaća gajdaša, taj i pesmu bira". Ja nisam bila sigurna u to koja je tačno moja pesma, ali sam nesumnjivo znala da hoću ja da je izaberem.

Međusobno navikavanje nije bila najmanja među našim nedaćama. Oboje smo i ranije živeli daleko od kuće, ali nikada van domašaja cele porodice i svih prijatelja kao što smo tada bili. Pošto smo imali samo jedno drugo, i nikoga više, sila okolnosti nas je izvanredno zbližila. To je mogao biti kraj naše veze; to je bila jedna mogućnost. I to je mogao biti razlog što smo zaista ostali zajedno toliko godina.

Ja sam pisala mnogo, ali nisam bila ništa zadovoljnija ishodom nego prethodne godine u Parizu. Bila sam zaljubljena u ideju da postanem pisac, ali u stvari nisam, u tom trenutku, imala mnogo šta da kažem, niti bilo kakvu predstavu kako bih to rekla. Pisala sam poeziju, ali sam je retko čitala, i slabo sam razumela kako poezija funkcioniše. Ne verujem da sam se uopšte istinski zanimala za poeziju, i nemam predstavu zašto sam toliko uporno htela da je pišem. Čitala sam pre svega prozu, ali proza koju sam čitala bila je toliko daleko od mojih iskustava da bi bilo teško zamisliti kako da te stilove i oblike prevedem u bilo kakvu priču koju bih ja imala da ispričam.

Veliki korak napred bio je to što sam počela da pišem prozu. Oduvek sam pisala pisma, pre svega svojoj prijateljici Margaret u Montreal, ali to je sve bila samo zabava. Sada sam počela ozbiljno da pišem prozu. Čitala sam Virdžiniju Vulf, i beskrajno se divila *Ka svetioniku*, pa sam počela da pišem u stilu sličnom njenom. Koledž Morli je nudio kurs iz kreativnog pisanja, koji je bio ili besplatan ili vrlo jeftin, pošto je to bio koledž za radne ljude; to je imalo veliku prednost jer mi je dalo razlog da svake nedelje završim neki tekst.

Bio je to prvi konstruktivan potez koji sam ikada povukla koji mi je mogao pomoći da postanem pisac, ali mada sam bila zahvalna predavaču na ohrabrenju, bila sam nestrpljiva. Život o kojem sam sanjala zahtevao je ne samo ljubav, nego i književno dostignuće; Odlazak u krevet u čarapama i rukavicama bila je jedna vrsta razočaranja; moja ne baš briljantna književna karijera bila je druga. U nekom trenutku te jeseni podlegla sam praktičnoj potrebi da učinim nešto sa svojim životom, pa sam popunila prijavu za postdiplomski rad o Semjuelu Beketu u Koledžu Kvin Meri na Londonskom univerzitetu.

Nisam bila zadovoljna sobom, i to je moralo doprineti mom nezadovoljstvu sa Endijem. Mnogo toga se desilo posle Mađarskog bala. Ako mi se njegova povezanost sa mađarskom zajednicom učinila privlačna, a jeste, ipak sam bila neodlučna i nisam mogla da se uistinu naviknem na to da postanem deo tako tesno isprepletanog sveta. Nevolja je bila u tome što je Endijev osećaj za privatnost bio toliko različit od mog, i na svoje užasavanje sam u više navrata shvatila da je on prenosio drugima – roditeljima, na primer, i drugim članovima svoje porodice – stvari o meni koje sam samo njemu poverila. On je na takvo ponašanje gledao kao na nešto normalno, i za njega to i jeste bilo normalno. Za mene nije.

Oduvek mi je bilo teško da govorim o tome sa čime mogu da živim, a sa čime ne mogu. Tih dana mi nije padalo ni na kraj pameti čak ni da pokušam. Bila sam ubeđena da bi Endi trebalo da zna šta stvara probleme, bez potrebe da mu ja išta govorim. To je, naravno, naše teškoće učinilo samo još složenijim. Takođe, uvrtela sam u glavu da treba da rešavam svoje probleme s Endijem, i da bi bilo nelojalno ako bih se žalila na njega bilo kome trećem. Zato ni Margaret, niti bilo kome iz moje porodice, nisam govorila o tome koliko su te jeseni stvari krenule nizbrdo.

Endi se borio sa sopstvenim problemima – sa svojim mentorom, svojim političkim ubeđenjima, i svojim roditeljima – i nije imao ni vremena ni strpljenja da se bavi mojim nezadovoljstvom. Kako je vreme prolazilo, međutim, i naša ionako tanka sredstva se topila sa svakim šilingom koji bismo stavili u brojilo za struju, on je postao finansijski zavisan od mene. Kao Britanska podanica rođena u Severnoj Irskoj, bila sam u položaju da mogu da tražim posao u Velikoj Britaniji, a on, kao Kanađanin, nije.

U to vreme nisam poznavala nikoga ko bi to nazvao nezdravim, niti da li su takvi izrazi uopšte bili u upotrebi pre trideset godina. Da sam imala bilo kakvu drugu mogućnost, te godine sam mogla da krenem dalje. Nisam imala stvarnog izbora – ili mi se možda samo činilo da nemam stvarnog izbora. U svakom slučaju, ostala sam.

Nije dolazilo u obzir da se vratim kući. Za početak, nisam više ni znala gde je to, kući. I ma gde da je to bilo, znala sam da to nije mesto za mene.

Moj otac je doživeo nervni slom – nešto u vezi s pritiskom na poslu u Briselu – pa su ga poslali za Najrobi, što je bilo relativno mirno mesto u svetu kompanije Pficer. To je bio tako neverovatan preokret, i toliko je uznemirio moje roditelje, da su me tokom leta zvali telefonom u Montreal da me zamole da pođem sa njima.

Endija su sreli na desetine puta u Montrealu, i znali su, naravno, da sam tog leta živela s njim i nameravala da se preselim u London s njim, ali ih to nije odvratilo; izvršili su veliki pritisak na mene da ga zanemarim kako bih bila sa njima. To je tako daleko, govorili su. Moramo da zadržimo porodicu na okupu. Pa onda: Potrebna nam je tvoja pomoć.

Bila sam dovoljno pametna da znam da nisam želela da imam bilo kakve veze s tim planom. Pokušavala sam da živim *en famille* u Oudergemu, i znala sam da to ne ide. Osim toga, pročitala sam previše viktorijanskih romana, o ćerkama koje žrtvuju sopstvenu sreću radi roditelja. Ma koliko Endi bio težak u izvesnim trenucima, život s njim bio je beskonačno prihvatljiviji od života s roditeljima. I bez obzira na to koliko mi je teško bilo s Endijem, nisam mogla da se poverim roditeljima, u strahu da bi se oni hrabrili da me još više pritisnu da ga napustim i pridružim se njima.

Navaljivali su da mi kupe kartu za Najrobi za Božić, i na to sam spremno pristala.

Endi je bio jednako usamljen kao i ja. Izdržavao je barem isti onoliki pritisak kao i ja, mada iz drugačijeg izvora. U to vreme nisam bila svesna do koje mere je krhko bilo emocionalno stanje u kojem je on bio tokom najvećeg dela te prve godine koju smo proveli u Londonu.

Pritisak koji je izdržavao delom je dolazio od njegovog mentora na Londonskoj školi ekonomije, Pitera Vajlsa; Endi je veoma mnogo čitao i pisao u naporu da sačini rad koji će ostaviti utisak na njega. Tokom proučavanja političke ekonomije Mađarske u poratnim godinama, međutim, polako je revidirao svoje političke nazore. To ga je dovodilo u sukob s roditeljima, koji su bili tvrdi antikomunisti, poput većine mađarskih izbeglica.

Moj uticaj na Endijeva politička shvatanja bio je neznatan, čini mi se, kada imam u vidu argumente koje sam mogla da iznesem, pošto sam o politici imala samo ovlašna znanja. Ja sam bila ta koja je učila od Endija, i uvek smo mnogo pričali o Vijetnamu, Sovjetskom Savezu, Mađarskoj, kao i o britanskoj politici i, sve više, o varijantama britanskog socijalizma.

Činjenica da je izabrao da bude sa mnom, međutim, iako je znao za komunističe nazore mojih roditelja i moju sklonost levici, možda je bio rani znak razilaženja puteva između njegovih nazora i nazora njegovih roditelja. Naravno da je vest o političkim sklonostima mojih roditelja zapanjila Edit i Bandija; naravno, Endi je bio taj koji im je ispričao taj deo moje istorije. Njegova pisma kući iz Londona sada su kod njih izazivala uznemirenje.

Edit, koja je pisma pisala na pisaćoj mašini za katalošku obradu podataka u radno vreme u biblioteci Koledža Mekdonald, slala je Endiju svake nedelje gomilicu kataloških listića punih prekora, podsećajući ga sićušnim slovima na komunističke nepravde nanete njenoj porodici i nepopravljivoj šteti koju je to napravilo svetu u kojem je ona odrasla. Nisam mogla da pročitam nijedno od tih pisama – Endi se s roditeljima dopisivao na mađarskom – ali bi me on kratko izveštavao o svakoj prispeloj pošiljci. A onda bi on u odgovor pisao duga pisma Edit sve dok se na kraju njegov otac nije umešao svojim dugim pismima pisanim rukom, čime se nadao da će staviti tačku na te besmislice koje je Endi pisao.

Novac je predstavljao brigu, i to s razlogom. Kada se vratim iz Najrobija, trebalo je da nađem posao, naravno, posao sekretarice, kako bih nas izdržavala. Oboje smo se prijavili za stipendije za sledeću školsku godinu, ali još mesecima nećemo saznati ishod; čak i ako bi naši zahtevi bili prihvaćeni, trebalo je da prođu meseci pre nego što vidimo prvi ček.

U međuvremenu, bližio se kraj jeseni, i Endi je planirao da otputuje u Mađarsku: bio je to njegov prvi povratak otkako je njegova porodica pobegla kada je njemu bilo jedanaest godina.

Krenuli smo iz Londona negde u isto vreme u decembru, on za Budimpeštu, a ja za Najrobi.

Dva meseca koja sam provela na Prvoj Ngong aveniji bili su prijatniji nego ikada s mojom porodicom. Od pomoći je bilo to što je u kući bio momak, Kongo, koji je živeo u dvorištu iza kuće, a baštovana i da ne pominjemo. Kućne obaveze koje sam uvek ja obavljala sada je preuzeo neko drugi, i osećala sam se slobodna da budem odrasla ćerka koja je došla u posetu iz Londona. Otac se prema meni ponašao najbolje što ume; u stvari, davao je sve od sebe kako bi meni bilo prijatno. Sve to u ne preterano dobro skrivenoj nameri da me ubede da ostanem.

Majka me je vodila u azijske radnje koje je otkrila, pokazala mi šta je samosa i popadom, i kupila mi veličanstvenu dugu suknju od štampanog afričkog pamuka i podmetače za sto od sušenog bananinog lišća koje imam i dan danas. Braća su mi pozajmljivala knjige i vozila me do parka sa životinjama u predgrađu, u Karen, i u unutrašnjost zemlje. Roditelji su me vodili u Najrobi klub na ručak. Otac je čak otišao tako daleko da je planirao dugačko putovanje do obale koje bi uključilo mene i majku. Ništa slično se nije desilo nikad ranije, nikad. Ranije su me obično ostavljali kod kuće da se brinem o domaćinstvu.

Odvezli smo se dole do Tsava, ogromnog rezervata za životinje koji se širi stotinama milja istočno od Najrobija, gde je moj otac razdražio slonicu koja je štitila mladunče, pa smo navrat-nanos pobegli. Svratili smo u Mombasu na onoliko koliko nam je trebalo da osetimo mirise koji se stvaraju u njenim tesnim ulicama, a zatim smo krenuli na sever ka obali. Ostali smo nedelju dana u motelu u Malindiju na Indijskom okeanu, gde sam išla u podvodni ribolov i šetala pustim plažama skupljajući školjke. Za mladu ženu koja u to vreme uopšte nije imala novca – čini mi se da sam iz Londona pošla sa ukupno dvadeset funti, koje su mi potrajale cela dva meseca koliko sam provela u Africi – to je zaista bio provod.

Suviše dobro da bi bilo istinito, u stvari. Kada se Endi sam vratio u London u januaru, ja sam imala velikih teškoća da ubedim roditelje da me uopšte puste da se vratim.

Endijev boravak u Mađarskoj bio je pun drugačijih doživljaja, i nedeljama po povratku u London patio je od emocionalne krize. Već ujesen je počeo da slabi i da previše radi. Nisam sigurna šta je sve proživeo tokom onih nedelja po povratku za Novu godinu.

U Budimpešti je odseo kod rođake Vere, i nema sumnje da je malo potrošio – hrana je u Mađarskoj bila jeftina – ali sav novac koji smo uštedeli sada je bio potrošen. Pisao je grozničavo, uglavnom meni. Jasno sam videla da je u čudnom stanju, ali nisam znala ni koliko je velika njegova nemaština, niti kolika je njegova emocionalna krhkost sve dok se nisam vratila u London.

Iz mojih pisama je saznao koliko su me roditelji pritiskali da ostanem u Najrobiju, i to ga je potreslo. Njegova pisma su pokazivala sve veću uznemirenost kako je januar prelazio u februar. Tada mi je poslao telegram, moleći me da se vratim u London, a to je iz nekog razloga telefonom javljeno u kuću na Prvoj Ngong aveniji, gde se na telefon javio moj brat. To što je poslao telegram meni se učinilo kao romantičan gest, kao kada mi je poslao, pa onda još jednom poslao ljubavnu pesmu poštom, a meni se romantični Endi mnogo više sviđao od Endija koji nije obraćao pažnju na mene i ponekad bio bezobziran tokom meseci koje smo proveli u Londonu. To je bilo i od praktične pomoći. Ja sam se polako izvlačila, a telegram je postigao to da moj otac ne počne još jednom sa svojim pokušajima da bira pesmu.

Neki doktor, Egipćanin, Samir Nasif, koji je radio za Pficer Egipat, došao je u kuću negde u to vreme u februaru, i pozvao me da nedelju dana provedem s njegovom porodicom u Kairu na povratku za London. Rado sam se odazvala; provodila sam se lepše nego ikada u životu i nisam se naročito žurila da se vratim u stvarni svet, gde sam znala da ću morati da tražim posao, i bila prilično ubeđena da neću uživati u poslu koji bih mogla da nađem.

Tek kada me je Endi sačekao na Hitrou – gde mi je, čini mi se, ostao otprilike jedan šiling u džepu – mogla sam da vidim u kakvom je on stanju. Bio je mršav i napet. Ne samo to, nego smo i gazdarici dugovali šest nedelja za stanarinu, što je bila zastrašujuća svota za koju će nam biti potrebni meseci da je isplatimo.

Sledećih nekoliko meseci bili su sumorni. Lako sam našla posao kao sekretarica marketinškog menadžera agencije za privremeno zapošljavanje Menpauer, i to početkom marta. To nije bio posao u kojem sam uživala, i moja zarada uopšte nije popravila naše finansijsko stanje sve dok konačno tokom leta nismo isplatili dugovanja gazdarici. Endi je besomučno pisao i dalje slabio. Kako god da je Budimpešta na njega uticala, škodila je njegovom zdravlju.

A tada nam se tavanica srušila na glavu.

Golubi su bili naše gugutavo društvo otkako smo se uselili u sobe u potkrovlju na Masvel Hilu. Mora da je postojao neki prolaz u krov, i oni su se tamo gnezdili još pre našeg dolaska, možda godinama.

Kako je zima prelazila u proleće, oni su postajali sve živahniji i bučniji, lepećući i sudarajući se. U to doba godine već je bilo prijatnije, pa smo Endi i ja prebacili dušek nazad u spavaću sobu. Imali smo običaj da ujutro ležimo u krevetu i slušamo golube pokušavajući da shvatimo šta se dešava tamo gore iznad naših glava. Jedne nedelje bismo zamišljali da legu jaja, i naravno, ubrzo bi nam se učinilo da ih ima više nego pre. Nešto kasnije su počeli da se čuju neki udarci u pravilnim razmacima, pa smo zaključili da to bebe golubi mora biti uče da lete.

U nedelju ujutro oko šest sati spavali smo kada se cela tavanica sručila na nas napravivši haos od maltera i uskomešanih goluba, perja, i ptičijeg izmeta, i prašine. Ne sećam se kako smo izišli iz spavaće sobe, ali jesmo, i na sreću nismo bili povređeni. Nismo sačekali da vidimo kako su golubi.

Tavanica nikad nije popravljena. Pošto je đubre počišćeno, samo je pričvršćeno nekoliko plastičnih vreća preko rupe koja je zjapila. Bilo je vreme da se selimo.

Bila sam primljena na postdiplomski program za engleski na Londonskom univerzitetu, i oboje smo dobili dobre vesti o stipendijama za koje smo se prijavili. Sada smo znali da ćemo uspeti da izidemo na kraj. Ne samo to, nego je Endi uspeo i da nađe stipendiju za istraživanje na londonskoj školi, čime će platiti sledeće putovanje u Mađarsku preko leta. A ja sam do sredine leta uspela da uštedim dovoljno da bih mogla da napustim posao i pridružim mu se u Budimpešti pre nego što počne školska godina.

Moj stariji brat Ijan stigao je iz Najrobija tog proleća, snabdeven šestomesečnim zalihama kenijske kafe i veličanstvenim pamučnim podmetačima. Živeo je sa nama sve dok se Endi i ja nismo vratili u Kanadu 1974. godine. Naša dva sobička nisu bila dovoljna ni za nas dvoje; bio nam je potreban veći stan.

Do tada smo već bili u dovoljno dobrim odnosima sa drugim stidentskim parom, Robom Vudsajdom iz Poant-Klera i njegovom devojkom, Engleskinjom Barbarom, te smo mogli da razmišljamo o preseljenju u veći stan koji bismo delili sa njima. Oni su, opet, poznavali, ili znali za par rok muzičara i njihove devojke koji su tražili gde će živeti. Endi i ja smo našli kuću koju smo iznajmili od para koji se vraćao u Indiju na nekoliko godina. Preselili smo se nizbrdo na Krauč End, u Prajori Roud u rano leto 1972. godine, gde smo Ijan, Endi i ja delili gornja dva sprata s Robom i Barbarom; ostali su živeli u prizemlju.

Bio je to dobar potez. Endi i ja smo živeli srećni jedno sa drugim i sa našim prijateljima na Prajori Roudu sledeće dve godine.

VI

Bila sam zavisna poput deteta kada sam prešla granicu iz Austrije u Mađarsku tog avgusta. Putovala sam kolima sve do Beča sa bratom Endijevog zeta, Sabolčem, i njegovom ženom Andželom, Engleskinjom. Na putu smo proveli dva-tri dana u njihovom karavanu a onda su me ostavili na Vestbanhofu da uhvatim voz za jug, do Budimpešte. Endi je sve to dogovorio pre nego što je pošao iz Londona, i bila sam srećna što se brine o meni.

Mora biti da sam pokušala da mu telefoniram u nekom trenutku. Endi je znao kojeg dana dolazim, ali nekako nije znao vreme. Dok razmišljam o tome kako je to moglo da se desi, i pišem ove rečenice baš jutros, kada sam upravo primila zabrinjavajuću elektronsku poruku od njega, shvatam da iz toga mogu nešto da zaključim, i da razumem zašto ceo naš brak nije uspeo, na osnovu toga što on nije uspeo da me sačeka po mom dolasku u Budimpeštu. Umem tako da se zanesem, i često kasnije zbog toga žalim.

Sasvim je moguće da je moja greška bila što nisam javila Endiju na vreme kojim vozom ću doći; sećam se da sam zamolila Andželu da mi pomogne u pokušaju da dobijem Budimpeštu telefonom iz telefonske govornice u Minhenu. Možda uopšte nisam uspela da dobijem vezu. Naravno, to je bilo davno pre faksa, elektronske pošte i mobilnih telefona. Endi je stanovao kod rođake Vere, i možda nikoga nije bilo kod kuće kad sam zvala;

ona tada svakako nije mogla imati telefonsku sekretari-
cu.

Upoznala sam Veru, i dopala mi se. Endijevi
roditelji su je pozvali u Sent An de Belvi prethodnog le-
ta, što je u to vreme – imajući u vidu siromaštvo rođaka
iz Mađarske – značilo da su svoja skromna sredstva
potrošili na njenu kartu i troškove tokom boravka. Nas
dve smo odmah uspostavile dobar odnos i provodile
vreme zajedno razgovarajući na nemačkom i uz pomoć
jezika znakova i smeha. Ona je bila visoka, upadljiva i
seksi, s bujnom plavom kosom, lakiranim noktima i
ogromnim providnim plavim prstenom koji je posebno
napravila za tu priliku.
Znala je šta je važno, a šta nije. Važna je ljubav,
zabava, i kad god bismo se žalile na nešto, jedna od nas
bi rekla, nije važno. *Nem fontos.* Nije važno. Važno je
bilo da umemo da razlikujemo šta je važno – *fontos* – a
šta nije. Radovala sam se što ću ponovo videti Veru.

Koji god da je bio razlog, Endi nije bio na stanici, pa
je meni bilo prepušteno da nađem put od železničke
stanice u Pešti preko celog grada sve do Verinog stana
u Budimu. Imala sam adresu, ali ne i plan grada, a nije
bilo načina da rastumačim uputstva na mađarskom za
upotrebu telefonske govornice. Možda to nije bila
ničija krivica, samo jedna od onih stvari.
Nije važno. *Nem fontos.* Važno je to da nije bilo
nikakve štete. To bi trebalo da imam na umu, umesto
što sebe namerno dovodim u stanje povređenosti
trideset godina kasnije.
Nikakva šteta nije pričinjena. Endi nije bio tamo, a
ja sam potražila pomoć i našla je, pa sam čak imala i
malu pustolovinu. Moguće je da sam sve vreme to i
želela.

Moj dolazak bio je kao i sve u vezi s Mađarskom, sve u vezi s mojim životom. Toliko zaprepašćujući, toliko pun strahova, toliko iščekivanja, i izvesne količine rizika. Oduvek sam o sebi mislila kao o osobi koja čvrsto stoji na zemlji, sposobnoj i smirenoj. Čak i kao devojka, čak i kao dete, sebe sam videla kao mudru staricu, odraslu i odgovornu. I bila sam sve to, i to do neverovatnog stepena.

Bilo je i nečega drugog, međutim, nečega što smatram važnijim i čega nisam bila svesna u to vreme. Kada se setim kakva sam bila sa šest, petnaest, pa dvadeset dve, pa četrdeset, uvek vidim sebe kao dete. Ono što sada zapažam nije zrelost koju sam svakako imala, niti smirenost s kojom sam se očigledno suočavala sa svetom. Bila sam smirena, to nije laž. Ali smirenost nije cela priča. Smirenost je bila način da se izborim. Pre nego što sam postala smirena, bila sam zapanjena. Veliki deo svog emocionalnog života, mog stvarnog života, provela sam u čuđenju.

Mađarski je nedokučiv za stranca, a Mađarska iz doba komunizma je bila na mnoge načine zatvoreno društvo, nenaviknuto na Zapadnjake, tako da je iskustvo što sam se našla sama u Budimpešti tog avgustovskog popodneva bilo dvostruko zbunjujuće. Do tada sam već mnogo puta čula kako se govori mađarski; čak sam i naučila nekoliko reči i rečenica; bila sam bistra i prilično iskusna putnica za svoje godine, živela sam u Belfastu i Londonu, Montrealu i Bazelu, Briselu i Parizu. A izgubila sam se čim sam kročila iz voza na Severnu železničku stanicu u živahnu Budimpeštu iz vremena dobro uhranjenog komunizma.

Živahnu i prilično uznemirujuću, ali i ljubaznu. Devojka koja putuje sama u Mađarsku bilo je dovoljno neobična stvar da zainteresuje mađarsku matronu u vozu. Govorila je nemački, a ja sam umela da iscedim iz sebe dovoljno zarđalog nemačkog iz detinjstva da joj ispričam nešto od svoje priče. Sada, kada sam joj pokazala komadić papira na kojem mi je Endi napisao Verinu adresu u ulici Nemetvelđi – to ime nisam umela ni da izgovorim – i kada je postalo jasno da nemam pojma kako da sama pređem s kraja na kraj grada, ta materinski raspoložena žena našla je taksi za nas dve i ispratila me do Verinih vrata.

Duga je bila vožnja sa Istočne železničke stanice. Vozile smo se na jug preko Pešte sve do centra grada, preko Dunava – sećam se koliko me je zadivio Dunav kada sam ga prvi put videla, i pogled na grad s mosta – pa onda uz strm, širok bulevar sve do malog trga. Stali smo pred zgradom na uglu, i tu je moja prijateljica izišla iz taksija, našla pravo zvono na koje je pozvonila, i sačekala sa mnom dok se nije pojavio Endi.

Lift je bio mali i mračan, sa jedva dovoljno mesta da se povuku dva krila drvenih vrata iza Endija, mene i mojih kofera. On je pritisnuo jedno veliko crno dugme, i lift je zaškripao i zatresao se. Kada smo izronili na terasu na petom spratu koja se protezala duž sva četiri unutrašnja zida zgrade – na svakom spratu je postojala po jedna takva terasa koja je gledala u pravougaono dvorište – provlačili smo se između gomila cipela i kišobrana, muškatli i povrća, flaša i kofa. Endi je gurnuo vrata na kraju terase i pošao ispred mene kroz pretrpan hodnik.

U mojoj mašti, Vera je živela okružena svetlošću i prostorom i bojama. Zapanjila sam se kad sam je zatekla u onom skučenom i turobnom stanu. Uskoro ću otkriti da njen stan nije bio ništa turobniji od većine starih stanova u Budimpešti, i na kraju ću zaključiti da je čak i u svojoj turobnosti i neobičnosti bio privlačniji od modernih stanova koje su mogli sebi da pruže kao alternativu.

Turobnost je donekle imala veze sa nedostatkom svetlosti – prozor je bio visok, ali zaklonjen zavesom – i sa masivnim nameštajem od drveta voćaka koji je zatrpao sobe; trebalo mi je više vremena da shvatim šta ga je činilo tako čudnim.

Vera je ovde u početku živela s majkom, Madi – skraćeno od Madlena – u godinama između razvoda i majčine preuranjene smrti. Na jedinoj fotografiji Madi koju sam ja videla, u dnevnoj sobi u kućici u Sent An de Belvi, bila je u ranim četrdesetim godinama, i već je bolovala od raka koji će je ubiti. Njeno lice, još lepo lice bilo je okrenuto foto-aparatu i onome što je iza njega. Vera se udala mlada, kratko ostala u braku, i sada je ovaj stan delila sa svojom ćerkom Ester.

Razmere stana su bile čudne, to je bilo glavno. Soba, Verina dnevna soba, bila je previše mala za te ogromne plafone, te visoke prozore. I zaista, to uopšte i nije bilo predviđeno kao dnevna soba. To je nekada bila spavaća soba u mnogo većem stanu koji je posle rata podeljen na četiri, mnogo godina pre nego što se Madi ovde uselila. Dnevna soba prvobitnog stana sada je bila deo sasvim drugog stana. To nisam mogla da shvatim. Priča iza ovog stana bila je za mene nezamisliva, daleko je prevazilazila moje neznanje o Veri, njenoj majci, ovom mestu, ovom veku, i o ljudskom rodu.

Osim toga, bilo je čudno i to što tu živi Vera, moja prijateljica Vera. Bile smo srodne duše dok smo bile u Montrealu. Mislila sam da je ona na neki način poput mene, samo starija i sigurnija, odvažnija i upečatljivija. Dopala mi se, želela sam da budem poput nje.

Nije se promenila. Bila je živahna i zabavna, onog popodneva kada sam stigla u Budimpeštu, baš kao i u Montrealu. A znam da se ni ja nisam promenila, tada još ne. Ali gledala sam je drugim očima. To je bio njen dom; taj nameštaj i ta nezamisliva soba bili su njeni.

Šta je to bilo važno? To sam se pitala. Da li su to bile samo površne stvari? Ili je bilo nečega što mi je govorilo o ovom sumornom mestu. U kojem trenutku nešto površno otkriva nešto dublje?

Ovaj stan me je navodio na razmišljanje. Nije da sam zbog toga o Veri mislila imalo lošije; naprotiv, mislila sam mnogo bolje. Počinjala sam da osećam dubinu iza njene blistavosti. Bila je seksi i volela je pustolovine, baš onakva kakvu sam je poznavala od početka. Promenilo se to što sam na trenutak opazila šta se krije iza svega toga, odakle to dolazi, i koliko je teško bilo doći do toga.

Fontos.

Osećala sam se izgubljeno u Mađarskoj, najveći deo vremena, ali je bilo taman dovoljno stvari koje su bile poznate i privlačne da bi me naterale da se tu osećam kao kod kuće, samo kada bih mogla da nađem ključ. Dopadala mi se pomisao na Endijevu veliku, živahnu porodicu sa svim njenim pričama i tajnama i neverovatnim likovima. Slušala sam priče o tome kako su on i njegovih šesnaestoro braće i sestara provodili leta zajedno u godinama pre revolucije. Bilo je to na porodičnom imanju u selu Čemer, severno od Budimpešte. Čula sam sve o slavnim danima tog imanja, teniskim terenima, voćnjacima, seoskoj deci neverovatno nalik dedi zavodniku. Slušala sam o vanbračnoj vezi dedastrica, raskalašnosti ovog strica, nepravdi koju je pretrpeo onaj drugi, i o tome kako je treći namerno udario pesnicom o poslužavnik pun čaša sa palinkom ispod kristalnog lustera.

Sve je to za mene bilo duboko romantično, svet iz knjige, ili pozorišnog komada. Bila sam zaljubljena u zvuk tog tuđinskog jezika i sve priče, bar onoliko koliko sam bila zaljubljena u samog Endija. Nisam imala istinsku predstavu šta treba da očekujem kada sam prvi put otišla u Budimpeštu, ali sam bila uverena da će me dočekati svet opasnosti i uzbuđenja, i sigurna da će me ogromna porodica prihvatiti kao jednu od svojih. Nisam očekivala kristalne lustere, i zaista, nisam zatekla nijedan. Bila sam spremna da zateknem imanje Endijevog dede u Čemeru zaraslo u korov, a tako je zaista i bilo. Bila sam iznenađena kada sam čula da su dvoje rođaka uspeli da sačuvaju svoje kuće za vreme komunističkog režima, i bila dirnuta velikodušnošću bezmalo svakoga koga sam srela. Razočarala sam se kada se ispostavilo da raskalašni stric živi u tesnom i vlažnom stanu u centru grada sa svojom nezadovoljnom ženom. Saznanje o tome koliko je taj novi svet čudan, i koliko je u stvari daleko od bilo čega što sam ikada upoznala, uglavnom je bilo obeshrabrujuće.

Mađarska je bila tuđina. Ljudi su većinom bili ljubazni prema meni, i srdačni, ali to je bila strana zemlja, i njeni običaji i hrana nisu mi bili poznati, stvari kojima su se tamo smejali uznemirujuće, ono na šta su tamo ljudi bili osetljivi ili zbog čega su se uznemiravali, neshvatljivo, a njihov jezik tako zbunjujuć da mi se činilo beznadežno čak i da pokušam da shvatim. Potpuno sam zavisila od Endija. Kada je on bio pored mene, objašnjavao mi i prevodio, mogla sam početi da nazirem kako bi jednoga dana bilo moguće da osetim da pripadam ovom nepoznatom mestu. Bez njega, bila sam zaključana u samotni svet sopstvene mašte.

Živela sam u Bazelu, gradu koji s Budimpeštom ima baš onoliko zajedničkog koliko i svaki drugi evropski grad. Takođe, bila sam nadarena za jezike, a bila sam i veoma motivisana da učim i da razumem. A ipak mi se prilikom prve posete ta zemlja činila zbunjujuća, a jezik nesavladiva prepreka.

Današnji posetilac verovatno ne bi imao isti utisak, zaključila sam, razmišljajući o Lien. Budimpešta se pretvara u tek još jedan grad, granice su otvorene, i zapadna roba i turisti, pa čak i nastanjeni stranci su opšte mesto, što je bilo nezamislivo 1972. godine. Jezik je, dakako, postao manji problem. Tokom mojih prvih poseta, ni jedna jedina osoba koju sam upoznala nije govorila ni engleski ni francuski. Naravno, već je postojao neznatan broj doktora koji su prisustvovali međunarodnim konferencijama, akademika, prevodilaca i tumača, kao i službenika u turističkoj industriji koji su tečno govorili, čak i ranih sedamdesetih, ali to slučajno nisu bili oni ljudi koje sam ja sretala tokom mojih prvih poseta. Nekoliko starijih rođaka govorilo je nemački, ali su ljudi koje sam sretala većinom govorili mađarski i ništa drugo, a njihova mržnja prema Rusima raširila se i na ruski jezik koji su bili primorani da uče u školi.

Sve se to promenilo. Škole danas šalju pune autobuse dece u Englesku, i Francusku, i Španiju. Engleski je zamenio ruski kao strani jezik koji se uči u državnim školama, i mladi svet je željan da nauči jezik koji će biti njihova propusnica za širi svet. Cela jedna generacija mladih ljudi sada će moći da razgovara s Lien s manjom ili većom lakoćom.

A Adam će se, bila sam ubeđena, o njoj dobro brinuti. Ono što će joj kao novopridošlici biti potrebno kada je budu predstavljali porodici jeste neko ko će i nju uključiti, ko će se pobrinuti da se ona oseća kao kod kuće. Bezmalo uvek tako i bude, a još i više kada porodica govori i neki drugi jezik.

Onako preplašena kakva sam bila 1972, ipak nisam htela da odustanem. Zaključila sam da su dve nedelje premalo. Bilo mi je potrebno više vremena da upoznam taj čudni Endijev svet. Priliku koju sam tražila dobila sam sledećeg leta, kada smo uspeli da provedemo dva meseca u Mađarskoj.

Naši životi su do tada već bili mnogo bolji. Ja sam ponovo studirala, što je bilo od pomoći, i bili smo se više privikli jedno na drugo, srećni u novim okolnostima u kojima smo živeli. Naša sredstva, mada i dalje ograničena, dozvoljavala su nam raznovrsniji jelovnik, pa su odlasci u kupovinu bili zabavniji, pošto smo nas dvoje, kao i Ijan, postali stručnjaci za pravljenje paprikaša *csirke*, *csango* gulaša, i crvenog kupusa sa crnim lukom i kimom.

Endi i ja proveli smo nedelju dana na Dalmatinskoj obali u Jugoslaviji početkom jula, a onda smo seli u autobus do Rijeke, gde smo se ukrcali u noćni voz za Budimpeštu. Ono što smo videli od Jugoslavije bilo je vrlo različito od onoga što smo znali o Mađarskoj, a oboje nas je zanimao socijalizam, i mogućnost humane tranzicije. Ne sećam se tačno razgovora, koji smo tokom više godina vodili u mnogo nastavaka, ali se sećam da sam stajala na praznom staničnom peronu u svojim ispranim zvoncarama i citirala Lenjina kada je voz ušao u stanicu. ,,Ne možeš da napraviš kajganu a da ne razbiješ jaja", jeste dobro poznati komentar koji mora biti da sam navela.

Endi me je pogledao. ,,Grozno je što je to rekao."

,,Ali zar ne misliš da je istinito?" nisam odustajala, ali smo se tada već ukrcavali u voz, i to ga je poštedelo obaveze da mi odgovori.

Našli smo mesta u pretrpanom vagonu pored nekog krupnog sredovečnog para koji se vraćao u Poljsku s ogromnim prtljagom. U prvo vreme su bili prilično ćutljivi, jeli sendviče od salame i pili ogromne količine šljivovice, a kada su shvatili da ne razumemo poljski, počeli su da razgovaraju slobodnije, dok smo mi otkrili da u stvari možemo da razaberemo poneku reč tu i tamo, ali ne shvatajući kontekst. Posle nekog vremena muškarac je zaspao na mom ramenu, glasno hrčući i zaudarajući. Probudio se usred noći, kada smo se približili mađarskoj granici, i ljutito počeo da viče na ženu i da pretura po gomili stvari koju su pokupovali na letovanju – i nesumnjivo se nadali da će to odneti sa sobom kući.

„Ti si primitivac", rekla mu je žena prezrivo dok je pokušavao da sakrije neku vrednu stvar.

„Ti nemaš nikakve ambicije", odgovorio je on, jednako neljubazno.

Endi i ja smo razmenili poglede, zabavljajući se. Bili smo mladi i veseli, i mislili smo da smo zaštićeni od godina i ozlojeđenosti.

Ispostavilo se da je leto bilo dugo, i teže nego što sam zamišljala. Kada sam imala društvo, mnogo sam se osmehivala, istovremeno pokušavajući da pokažem koliko sam zahvalna na velikoj ljubaznosti većine ljudi koje sam srela i da sakrijem negativna osećanja koja su se kretala od uobičajene dosade do povremene frustracije. Uopšte se nisam trudila da sakrijem bes u prilikama kada sam bila zaista besna.

Endi je bio previše zaokupljen svojim brojnim rođacima, naročito Gaborom, da bi na mene obraćao veliku pažnju. Na nesreću za mene, odseli smo u Gaborovom stanu. Endi i on su bili bliski kada su bili deca, i oboje su beskrajno uživali u ponovnom upoznavanju. Gabor je uzeo godišnji odmor tokom našeg boravka, i sve zajedno smo ga previše viđali. Činilo mi se da vrlo loše utiče na Endija, a svakako jeste loše uticao na mene. U početku mi je bilo teško da shvatim u kojoj je meri Gabor tipični Mađar, a u kojoj je meri aberacija. Bio je teška pijanica i, na kraju sam zaključila, poseban slučaj. U to vreme, međutim, nisam znala šta da mislim o njemu niti kako da se postavim.

Gabor je bio član komunističke partije, istinski vernik, tako da su on i Endi vodili duge političke rasprave koje ja nisam mogla da pratim u to prvo vreme. Pošto je bilo jasno da je on Endiju važan i lično, kao i zato da bi s njim razmenjivao političke poglede, svesrdno sam se trudila da budem prijatna i ljubazna, ali je bilo obeshrabrujuće provoditi vreme sa njima. Gabor nije govorio, niti je želeo da govori engleski ili nemački, niti bilo koji drugi jezik osim mađarskog, i uopšte se nije trudio da i mene uključi u njihove razgovore; čak me je podražavao kada bih nešto pitala Endija na engleskom. Posle brojnih neprijatnih iskustava, počela sam da ostajem kod kuće kada bi oni uveče izlazili.

Najpre sam pomislila da je problem u jeziku, i rešenje je bilo da naučim mađarski. I stavrno, neka dobra duša mi je kupila početni udžbenik mađarskog, i ja sam počela da učim prve lekcije, radeći sve vežbe i ispisujući spiskove reči kako bih razvila svoj rečnik. Bilo mi je dosta osmehivanja. Da znam mađarski, mislila sam, više bih uživala sa Gaborom i Endijem; mogla bih da uspostavim neki odnos sa Gaborom, osvojim njegovo poštovanje i da se zabavim.

Taj plan je od početka bio osuđen na propast, pošto je Gabora zanimao samo Endi, i bio je presrećan što ja ostajem kod kuće kada oni izlaze. Ma koliko mi to sada neverovatno izgledalo – neverovatno što je on to činio, neverovatno što Endi to nije prekinuo, i neverovatno što sam ja njih dvojicu trpela – podsmevao mi se kada bih napravila grešku u izgovoru mađarskih reči, što se stalno dešavalo, i kada sam se borila sa zastrašujućom aglutinativnom sintaksom tog jezika.

Njegova žena, dugotrpeljiva Žuža, slabašno se bunila kada je to radio; ona je bila strpljiva sa mnom, bila mi je naklonjena, i trudila se da me uči reči i fraze. Mnogo vremena sam provela s njom toga leta, na ovaj ili onaj način, ostajući s njom i njenom stidljivom decom sa očima kao u srne kada bi Endi i Gabor izlazili u grad ili spavali posle neprospavane noći. Od Žuže sam naučila na šta treba da pazim na pijaci, kako da razlikujem slatku i ljutu papriku, i kako da pravim gulaš i koliko krastavčićima treba vremena da se ukisele na suncu.

Vera se glasno bunila kada se Gabor ružno ponašao. Uopšte nije imala strpljenja za svog brata. Pošto je videla koliko se ja osećam izgubljeno, uporno se trudila da pronađe načina da razgovara sa mnom jezikom znakova pomešanim sa sve većim brojem reči na mađarskom, nemačkom, i engleskom koji je pokupila slušajući rokenrol.

Ja sam u mađarskom napredovala polako, i mučno, ali moji odnosi sa Gaborom su bili sve gori. Njegovo uživanje u tome da pronalazi načine da šmugne s Endijem, a bez mene, dostigli su vrhunac jedne avgustovske večeri kada smo nedelju dana proveli sa svima njima zajedno – Verom, Gaborom, Žužom i srnookom decom – u kućici na lepljivoj obali jezera Balaton. Sedeli smo napolju na kraju dugog avgustovskog dana, i bilo je kasno. Samo što sam ušla unutra i počela da se svlačim, pošto sam razumela da će mi se Endi odmah pridružiti.

Umesto toga, on i Gabor su zajedno otvorili vrata spavaće sobe, samo na toliko da mi kažu kako su odlučili da odu na piće u lokalni bar. To je bila kap koja je prelila čašu, i sećam se da sam na trenutak oklevala, frustrirana što ne mogu na mađarskom da kažem ono što sam poželela da kažem, i tada sam shvatila da čak ni na engleskom ne umem da nađem prave reči. Tada sam dohvatila cipelu i bacila je na vrata koja su oni zatvorili za sobom. Bila sam daleko od *nagyon jó*.

VII

Radila sam svojski. Krajem leta imala sam veliku zbirku recepata, i pisala kratka i nesumnjivo prepuna grešaka pisma na mađarskom Endijevim roditeljima u Montreal. Endi i ja smo se vratili u London, gde smo nastavili da sređujemo život koji smo za sebe gradili.

Ipak, Mađarska je ostavila svoj trag. Naš stan je sada bio ukrašen mađarskim gravirama i podmetačima na stolovima. Našli smo knjižaru s mađarskim kobasicama i dimljenom svinjetinom koji su visili po policama za knjige. Upoznali smo sve delikatesne radnje u severnom Londonu koje su držale pavlaku. Lokalni piljari retko su držali celerov koren i kelerabu, i nikako nismo nalazili italijanski peršun. Sunce nad Krauč Endom bilo je dovoljno jako da osuši *chapattis* koji su naši susedi prostrli na krovu šupe u dvorištu, ali nije bilo dovoljno jako za krastavčiće koje smo mi ostavili na našem prozoru. Topljenje masti je, međutim, bilo lako, pa smo je pažljivo razmazivali po hlebu sve dok oboje nismo, svako za sebe, zaključili da nam je draži maslac.

Tokom mnogih meseci većinu dana provodili smo u Čitaonici Britanskog muzeja, a kada bi došlo vreme da se piše, pisali smo za svoja dva stola kraj izbačenog prozora u spavaćoj sobi, svako s pogledom na Prajori Roud iz drugog ugla. Ijan je krenuo u istraživaje Londona peške sa svojim ishabanim primerkom Pevsnerovog vodiča, i mi bismo mu se ponekad pridružili, i svratili u ovaj pab ili onaj muzej. Druga i treća godina koje smo proveli u Londonu bile su najbolje vreme, i ako je prva godina bila jedno od najgorih vremena, činjenica da smo je preživeli zbližila nas je. Kada gledam Endijevu fotografiju iz našeg stana na spratu, on izlgeda mlad i lep, i ponovo se zaljubim.

Endi je hteo da se venčamo. Nisam nalazila neki poseban razlog za to, i bila mi je draža veza po običajnom pravu koju smo već imali. Ideju da postanem pisac odložila sam za kasnije, a od ideje o burnim vezama sa drugim muškarcima sam odustala. Endi i ja smo bili srećni zajedno, a ja sam čak završila i jedan kurs na univerzitetu. Brak je, međutim, bio nešto više nego ono na šta sam računala. Biti u braku bilo je konvencionalno, a ja sam želela da sačuvam ono malo sna o *la vie bohème* što mi je ostalo.

Endi je bio uporan. Edit i Bandi su ga možda ohrabrivali, čini mi se sada; verovatno je dobro što mi to tada nije palo na pamet. Možda je Endi želeo da ih time obraduje, pošto ih je i dalje žalostio svojim političkim pogledima. Bila sam svesna da oni ne gledaju blagonaklono na to što živimo zajedno, i sasvim je moguće da je to za njih predstavljalo sve veći problem što se više bližio datum našeg povratka u Kanadu.

A zašto sam ja bila tako uzdržana? Moji razlozi nisu bili naročito dosledni, sigurna sam. Osećala sam neodređenu strepnju da će to promeniti odnos između Endija i mene, da će moj identitet biti oštećen, da ću biti nešto manje nego što sam bila kao neudata. Nisam protiv braka imala ništa konkretnije od toga; to naprosto nije bilo ono što sam želela za sebe. Jedini razlog koji sam videla za brak bio je uvod u rađanje dece, a na to još nisam bila spremna.

Da li sam bila u pravu što sam oklevala? Nisam u to sigurna ni do današnjeg dana. Možda bih kasnije bila srećna da se udam za Endija, možda onda kada bih znala da želim dete. S druge strane, pitam se da li bih ikada bila tako srećna da dobijem dete – i još jedno, i još jedno – da nisam bila udata. To spada u ono, šta bi bilo da je bilo. A jedina stvar u koju sam nesumnjivo ubeđena jeste da sam bila u pravu što sam imala decu, jer su moji sinovi bili jedna od velikih radosti u mom životu.

U svakom slučaju, na kraju mi je ponestalo argumenata protiv braka, i zakazali smo datum venčanja. Planirali smo da se vratimo u Montreal u avgustu, a venčali smo se 19. jula u opštini, a potom napravili prijem u salonu na spratu u Hajgejt pabu.

Ova odluka da se udam bila je nalik na mnoge odluke o našem zajedničkom životu po tome što je u stavri Endi odlučivao. Imao je jasnu predstavu o tome šta hoće, a ja nisam.

Ne verujem da bi on na to gledao na ovaj način, i istina je da sam ja bila veoma jasna po izvesnim pitanjima, kako ličnim, tako i profesionalnim. Ništa me ne bi ubedilo da se vratim da živim sa svojom porodicom. Niko me ne bi uverio da treba da se zadovoljim karijerom sekretarice. Ali bilo je i velikih i važnih oblasti mog života – odluka ne samo o braku, nego i o tome gde ćemo živeti, gde ćemo ići na letovanje, i kasnije, koja ćemo kola kupiti – u kojima sam se naprosto priklanjala svemu što je Endi želeo. Uvek sam išla u Mađarsku, na primer. U nekom trenutku sam shvatila da bih volela da odem u Irsku, ili Italiju. Sanjala sam o odlasku u Firencu, pa kako to da sam onda stalno išla u Budimpeštu?

Odgovor jeste to da sam i ja u tome učestvovala koliko i Endi. On je želeo da ide u Budimpeštu, naravno, i kada je predložio da putujemo tamo, ja sam bila savršeno raspoložena da pođem, svaki put. Ako sam imala druge snove, a istina je da sam imala druge snove, trudila sam se ili da ih zadržim za sebe, ili da ih se suviše spremno odreknem.

Kada nisam bila efikasna, nisam bila ni odlučna. Uzela sam Endijevo prezime kao svoje kada smo se venčali; to je tada još bila vrlo uobičajena stvar, i u to vreme nisam poznavala nijednu ženu koja je zadržala devojačko prezime kada se udala. Po povratku u Kanadu, uredno sam – umalo ne rekoh „pokorno" – izmenila prezime na vozačkoj dozvoli i drugim dokumentima. I tada su svi oni strahovi koje sam ranije neodređeno osećala još jednom izronili na površinu.

Nikako nisam mogla da se naviknem na novo ime, i mesecima me je to mučilo pre nego što sam na kraju ponovo počela da koristim ime Linda Lit. Bio je to neuobičajen potez u to vreme, i iznenadila sam sebe što sam bila tako uporna da učinim ono što je meni odgovaralo. Da li je sama odluka zaprepastila Endija, ili je u pitanju bilo moje oklevanje? Sada to nije važno. Sama odluka svakako je zaprepastila ne samo Edit i Bandija, nego i moje roditelje, a to je, opet, iznenadilo mene; odista, moja majka je još nekoliko godina nastavljala da mi se obraća venčanim imenom, i uverena sam da je ona smatrala da čini ispravnu stavr.

Nismo imali ni društveni krug ni sredstava da pravimo prijeme dok smo živeli u Londonu, mada su članovi moje porodice dolazili kod nas s vremena na vreme: najpre Brajan, zatim Šila i Mendi, napustili su Najrobi kako bi nastavili školovanje u Engleskoj, i moji roditelji i baka ostajali su nakratko kod nas tokom onoga što su zvali „odmor kod kuće".

Tek kada smo se vratili u Kanadu, Endi i ja smo počeli da pozivamo ljude na večere i povremeno na velike bučne zabave. To je Endijev stil, pošto je on druževan čovek i oseća da je u svom elementu među mnoštvom zvanica. Njemu je bilo prirodno da poziva ljude, i ponekad bi to učinio po trenutnom hiru, doveo bi kući ovog kolegu ili onog prijatelja i ne bi mi uvek to najavio. Takav je bio. Duga leta provedena na mađarskom selu sa šesnaestoro braće i sestara i bezbroj rođaka i prijatelja koji su dolazili i odlazili mora biti da su uticali na njega.

Dvoumila sam se oko toga. S jedne strane, volela sam takvu spontanost. To je deo onoga što me je kod Endija uvek privlačilo. Ali nije mi bilo urođeno, kao njemu. Moje detinjstvo bilo je drugačije, detinjstvo u kojem gosti nisu bili dobrodošli. Sada sam bila srećna da primam ljude, i otkrila sam da sam dobra u tome, da kopam po kuvarima i smišljam komplikovane večere i zakuske za porodična i prijateljska okupljanja. Ali to je bilo i iscrpljujuće, a ja kao da nisam umela da povučem crtu. U stvari mi je bio potreban neko da se bolje brine o meni. Taj neko je trebalo da budem ja.

To što je Endi pozivao goste ne pitajući me, pa čak i ne obaveštavajući me, prevršilo je meru. Toliko sam znala. I to je bio savršen bračni nesporazum, gde je svako od nas bio tuđin onome drugom. Nisam mogla da shvatim kako je on mogao tako nešto da radi, a on, sa svoje strane, nije mogao da shvati zašto mi to, zaboga, smeta.

Kada je Endiju ponuđen posao na Konkordiji 1975. godine, preselili smo se u prostran stan u centru, u blizini Mek Gila. Ja sam završila pisanje teze, i dan uoči vikenda za Dan rada primili su me da predajem od sledećeg četvrtka na Koledžu Džon Ebot, koji je sada delio kampus sa Koledžom Mekdonald u Sent An de Belvi. Adam se rodio 1976. godine, i ja sam se radovala preseljenju u grad, najpre na Il Bizar, gde smo živeli godinu dana i oboje se složili da je to suviše daleko, a zatim, kada se rodio Miška, na Aveniju Golf u selu Poant-Kler.

To je neobično lepa ulica, veoma daleko od *la vie bohème*. Ja sam većinu svojih misli i snaga poklanjala svojoj deci, i umalo nisam napustila te stare snove.

Na jednoj strani ulice nalazi se sam teren za golf, koji se prostire do zgrade kluba. Na drugoj su velike stare kuće s verandama, većinom s početka veka. Adolsecenciju sam provela u broju 40, gde su moji roditelji i dalje živeli kada sam ja upoznala Endija. A godine 1978, Endi i ja smo kupili kuću u broju 52, u blizini jedanaeste rupe, čim se prođe klub na vrhu brda.

Život u blizini terena za golf imao je svojih nedostataka. Kada su dečaci bili mali i nestašni, imali smo običaj da posmatramo igrače golfa, koji su po nama nerazumno insistirali na tišini, kao naši prirodni neprijatelji. Imali smo i psa, žutog labradora kome je Endi dao ime Hektor – činilo mi se da je to neobično ime za psa sve dok, mnogo godina kasnije, nisam saznala da to nije bilo retko ime za psa u Mađarskoj – i koji je bio uzrok trvenja s baštovanima iz kluba. Nema sumnje da je bilo mnogo žalbi na nas o kojima nam nikad ništa nisu kazali, a bar u jednoj prilici žalba je bila opravdana.

Bilo je nedeljno popodne. Endijeva porodica je došla na ručak, i nastala je neuobičajena zbrka, jer nisu došli samo njegovi roditelji, koji su nas nedeljom često posećivali, nego i njegova sestra Kati, njen muže Geza, i njihova dva sina. Tako se napravila cela mala banda dečaka, od kojih je većina – Adam, Miška i njihov brat Antal – imala četiri ili pet godina; Katin najstariji sin Riči bio je stariji, možda je imao devet, a Džulijan je bio beba. Preko puta ulice nalazila se jedanaesta rupa, a iza toga svetložuti suncobrani na terasi kluba, ali je to bio tako tih zabačen kutak da uopšte nismo morali da brinemo o saobraćaju. Završili smo ručak i ja sam dojila Džulijana, sedeći i ćaskajući napolju, u bašti iza kuće, kada je Endi shvatio da dečaci voze tricikl po negovanoj travi, na zaprepašćenje igrača golfa na terasi.

I mi smo imali razloga za žalbe. Jedan je bio nepristojni igrači. Turniri su bili prava muka; tokom Morije Opena, kada su se na terenu za golf i u našem vrtu ispred kuće nalazile gomile ljudi, morali smo da pokazujemo propusnicu kako bi nam dozvolili da uđemo u kuću. Saobraćaj nije predstavljao brigu, ali smo imali razloga da strahujemo od letećih loptica za golf, od kojih su nas neke promašivale samo za dlaku dok smo napolju šetali niz aveniju duž osamnaestog terena. Osim toga, svake godine bismo početkom sezone pronalazili loptice u bašti. Bilo je razumljivo, mada zabrinjavajuće, što su neke od njih završavale u vrtu ispred kuće, naročito zato što je prilaz jedanaestoj rupi bio težak. Ono što je bilo manje očigledno bilo je to da ćemo probnalaziti loptice i u bašti iza kuće; to su bili žestoki zamasi.

Tamo smo živeli deset godina, i nikoga od nas nije pogodila loptica za golf, nijedan prozor nam nije bio polomljen, i u stvari nikad nismo podneli nikakvu žalbu. U stvari smo voleli da živimo tamo, pa smo nedostatke pamtili samo zato da bismo smogli snage da se naljutimo kada bi neki igrač golfa bio nepristojan prema Adamu i Miški, ili kada bi baštovan dolazio da se žali, kao što je to s vremena na vreme činio kada bi Endi šetao Hektora po travnjaku.

Bilo je prelepo. Na ulici su se nalazile visoke topole i ogroman javor u vrtu ispred kuće, gde su živele veverice. Imali smo belu drvenu ogradu i popločanu stazu i stepenike koji su vodili na kamenu terasu. Dva grma badema s obe strane stepenica rascvetala bi se u ružičaste pupoljke u proleće, a na uglu kuće nalazio se jorgovan. Prva stvar koju je Endi učinio kada smo se uselili, baš prva, bila je da pričvrsti kutije za cveće ispod četiri prozora spreda i da kupi dve polovine buradi koje je otkotrljao na terasu i napunio zemljom. Već u leto smo bili ovenčani petunijama, dragoljubima i muškatlama.

Kuća se nalazila na samom vrhu brda, s pogledom na igralište za golf koje se prostiralo u dolini. Čim je pao sneg a igrači golfa otišli za tu sezonu, sve je to bilo naše. Zapadna strana Montreal Ajlenda je uglavnom ravna, i to je bilo najveće brdo miljama unaokolo, pa bi se vikendom zimi napunilo decom koja su se sankala. I mi smo se sankali, i moji dečaci su bili stručnjaci u svakojakim veštinama na letećim ćilimima, letećim tanjirima i sankama, kada bi se našle pri ruci. Tumarali smo po terenu za golf sa Hektorom. Mogli smo – a Endi i jeste – da idemo na kros-kantri skijanje. Klizali smo se na jezercetu.

U decembru, Endi bi okačio svetiljke na dva bademova grma, a ja bih okačila grančicu zimzeleni iznad ulaznih vrata. Unutra, slagali smo drva pored ogromnog kamina. Uzbuđenje je raslo. Božić se bližio.

Tih godina smo veoma malo uopšte putovali. Mađarska je značila posete Edit i Bandiju, učenje kako da napravim onakvu supu kakvu je ona uvek pravila, i koju su moja deca zavolela. Uglavnom je, međutim, predstavljala Božić.

Tog septembra sam počela da pišem, kada su Adam i Lien bili u Mađarskoj sa Endijem, na putu ka jezeru Balaton. Prolazile su nedelje, i većinu dana sam radila na tome, rano ujutro pre nego što bi dan zaista počeo. Obećala sam sebi da ću pisati kad ustanem, bez obzira na to koliko će taj dan biti lud, bez obzira na to koliko neodložnih poslova imala. Ponekad bih ponovo čitala i malo ispravljala, pošto bih mogla da potrošim samo petnaest minuta; ponekad bih uspela da napišem samo rečenicu ili dve, a ponekad, vikendom, uradila bih više, tako da je sada kraj rukopisa na vidiku.

Ovoga jutra, to je utorak ujutro, Badnji je dan. Ustala sam pre oko sat vremena, i sedim u udobnoj stolici u niši s laptopom na kolenima i šoljom kafe pored sebe. Kada dignem pogled sa ekrana, što često radim, pogled mi privuče Božićno drvce na drugom kraju dnevne sobe. Džulijan ga je kupio u robnoj kući Etvoter pre nekoliko dana, i nas dvoje smo ga sinoć ukrasili. Proteklih nekoliko godina, otkako su dečaci odrasli, Božić mi lakše pada.

Tek pošto se Miška rodio 1978. godine sami smo počeli da slavimo Božić. Pre toga smo odlazili kod Endijevih roditelja, kada bismo bili u Kanadi; to je uvek bilo 24. decembra, kada Mađari slave Božić. U decembru smo krenuli na različite strane u posetu svojim dalekim porodicama tokom prve godine koju smo proveli u Londonu. Godinu dana kasnije, zahvaljujući stipendijama, otišli smo u Montreal i odvezli se do Prinstona sa Edit i Bandijem na veliki porodični Božić u kući rođaka Ištvana i njegove žene, Amerikanke Džudit.

Endi i ja smo proveli svega jedan Božić zajedno u svojoj kući, i to je bilo tokom poslednje zime koju smo proveli u Londonu. Ijan je, naravno, bio tamo, kao i moj otac, a čini mi se, i njegov brat Rejmond. Moj otac je tada bio pacijent psihijatrijske dnevne bolnice, i živeo je s nama nekoliko meseci. Uz njegovu pomoć – to je bila njegov veliki specijalitet – za Božić smo spremili pečenu govedinu i jorkširski puding.

Avenija Golf je bila savršena za Božić, ali kada je to? Na mađarski Božić, za Badnji dan? Ili za Božić koji je moja porodica uvek slavila na dan Božića?

Priča o mađarskom božiću je priča o Malom Isusu koji unosi potpuno osvetljeno i ukrašeno drvce kroz otvoren prozor u dbevnu sobu. Ta ideja je sasvim jednostavna, mada joj je u praksi potreban jedan ili dva anđela.

Ona snaži lakovernost, naravno. Slutim da sam zato u nju bila tako beskrajno zaljubljena.

Koliko je drvaca, uostalom, mali spasitelj uopšte mogao da ponese? To spada u poglavlje s pitanjima koja se ne smeju postavljati, i kakvih ima mnogo u ovo doba godine, u svim tradicijama. Drugi dobri primeri su, kako zna da li si bio dobar? Kako uspeva da ode u svaku kuću za samo jedno veče? I koliko poklona uspeva da donese? Ja takva pitanja uopšte nisam postavljala.

Nikakvo dobro nije moglo proizići iz takvog ispitivanja. Pre nego što bih toga postala svesna, počela bih da poklanjam pažnju pitanjima kao što su koliko anđela može da igra na vrhu igle.

U Mađarskoj bi drvce imalo prave sveće, i Mađari i do današnjeg dana brane tu praksu. Stvar je u tome da se sveće postave na samom kraju svake grane, tako da plamen ne uhvati gornje grane. To je, naravno, opasno, pa čak i zastupnici te tehnike osvetljavanja drvceta priznaju da je pametno imati kofu vode pri ruci, za slučaj da je prozor mali. pa Mali Isus mora malo da iskosi drvce kako bi ga uneo.

Sveće su zacelo svuda bile uobičajene na Božićnom drvcetu pre nego što je pronađena struja, i stvaraju tako izvanredno lep oreol da nije ni čudo što ljudi i dalje više vole da stave sveće. Ja svakako jesam volela, sećajući ih se iz svog detinjstva. Prave sveće imaju brojne prednosti nad električnim svetiljkama kada treba da se odigra mađarska Božićna priča, i sve bih uradila samo da ih iskoristim i na našem drvcetu. Koju bi električnu struju mogao, na primer, da koristi Mali Isus? Da li bi utikač bio napolju? Ili bi se do drvceta razvlačila električna žica koju bi mali spasitelj onda mogao da utakne u utikač u dnevnoj sobi u svakoj kući?

Nijedan Mađar koga smo poznavali nije postavljao takva pitanja; oni su mudro uzimali priču kao priču, i brinuli praktične brige o tome kako da najbolje prilagode svoje običaje kako bi se uklopili u novu stvarnost njihovog života. Niko od njih u Kanadi nije koristio prave sveće, i mnogi su drvce ukrašavali unapred naprosto zato što je to bilo mnogo lakše nego čekati do samog Badnjeg dana. Kada su i muž i žena Mađari, obično su čuvali Badnji dan kao dan slavlja. Kada je samo jedan supružnik bio Mađar, a deca govorila engleski, kao što je bilo sa Endijem i sa mnom, nije bilo neuobičajeno da porodica slavi Božić 25. decembra ujutro.

Pitanja koja smo Endi i ja postavljali sebi 1978. godine bila su praktična. Možemo li svojoj deci da prenesemo obe tradicije? Mislili smo da možemo, ali je najpre trebalo da smislimo da li je moguće da podražavamo mađarski božić u selu Poant-Kler krajem dvadesetog veka. Odgovor na to pitanje je potvrdan, ali pod dva uslova. Jedno, nikako uz sveće. Drugo, morate biti spremni da učinite izvanredan napor.

To smo i učinili. Odlučili smo da ćemo raditi na oba načina, i tako smo i radili.

Sredinom popodneva na Badnji dan, ja bih ušuškala dečake u njihova odelca za sneg i odvezla ih u bioskop da gledaju neki film. U početku, dok su bili vrlo mali, vodila sam ih na crtani film; kasnije sam ih vodila na *Snežanu i sedam patuljaka* ili *Tajanstveni vrt* ili *Rat svetova*, nešto što bi im se dopalo. Najvažnije je bilo da se pronađe neki način da se oni srećno zabave izvan kuće tokom nekoliko ključnih sati kako bi Endi mogao da obavi svoj deo posla, a to je da bude Mali Isus.

Kupovao je drvce danima ranije i sklanjao ga pored kuće. Čim bih se ja odvezla sa dečacima, on bi ga uneo unutra, postavio ga i ukrasio, ponekad sa svojim roditeljima kao anđelima-pomoćnicima; oni su obožavali da provode Božić sa nama kada su dečaci bili mali.

Kada bi se film završio, ja bih zvala iz bioskopa da vidim kako se on snašao. Neizbežno, on nikada ne bi bio spreman, pa bih onda odvela dečake da nešto pojedu i ponovo zvala. Kada bi sve konačno bilo spremno, dovezla bih ih kući, i usput bismo se divili svim božićnim drvcima pred kućama, tražeći ono koje bismo nagradili, kada bismo imali čime.

Trebalo je da sve to bude prilično jednostavno, ali su nekako uvek iskrsavale teškoće. Jedne godine je drvce bilo previše visoko, pa je Endi morao da ga potkreše. Međutim, nije imao sekiru, pa je na kraju na Badnji dan jurio da je pronađe, u vreme kada su sve radnje bile zatvorene. Druge godine, baš uoči Božića je pala kiša, a zatim se sve zaledilo. Kada je Endi uneo drvce unutra na Badnji dan, bilo je skamenjeno, pa je ceo sat morao da ga odleđuje fenom za kosu pre nego što je počeo da ga ukrašava. Te godine smo dugo ostali jedući sendviče, i čini mi se da sam sa dečacima obišla najveći deo Vest Ajlenda diveći se božićnim svetiljkama na svim kućama.

Na kraju bi Endi rekao da je sve spremno, pa bismo otišli kući. Dečaci su ćutali i čekali.

„Anđeli su imali posla", prošaputao bi Endi kada bi otvorio vrata kuće. Navukao bi zavese i okačio čaršav preko vrata koja su vodila u dnevnu sobu kako dečaci ne bi ništa videli. „Sad će brzo."

Uveli bismo ih kroz trpezariju – postavila bih sto ranije posuđem od najboljeg porcelana i kristala i čipkanih salveta koje mi je majka kupila u Briselu – pa u zastakljenu sobu u stražnjem delu kuće. Tu bismo opet čekali – bilo je toliko čekanja, toliko iščekivanja – dok Endi ne bi sklonio čaršav i sve sredio i upalio vatru u kaminu. Ja bih otišla gore po poklone, koje bismo poređali oko drvceta. Na kraju – to se dečacima morali činiti kao večnost – zazvonilo bi zvonce. Pauza. Ponovo.

„Jók valtok gyerekek?" To bi govorio njegov otac, kada su on i Edit provodili Božić sa nama. *Da li su deca bila dobra?*

Dečaci bi zatreptali. Uvek bi zaboravii na to. „Bili su *vrlo* dobri", osmehnula bih se ja, i oni bi još jednom zatreptali. Ušli bismo u dnevnu sobu zajedno, držeći se za ruke, i naravno, prozor je bio širom otvoren, i ono ogromno, veličanstveno drvce stajalo je u uglu, potpuno osvetljeno i okruženo poklonima. Endi bi zatvorio prozor, i zapevali bismo tradicionalnu božićnu pesmu, *Menyböl az angyal*, ili tačnije, dečaci i ja bismo otpevali prvih nekoliko stihova a onda bismo samo pratili Endija i njegove roditelje koji su pevali reči. I do dana današnjeg pevamo božićne pesme, i većinu reči ne znamo.

Tek kada bismo završili, on bi svakom dečaku pokazao koja gomila poklona je za njega. Kada bi svako uzeo svoje, Endi i ja i njegovi roditelji, ako su bili sa nama, uzajamno bismo razmenili poklone. Zatim bismo posedali u trpezariji i večerali. To je bila ideja mađarskog Božića sporvedena u stvarnost.

Kasnije, kada bi dečaci otišli na spavanje, Mali Isus bi se pretvorio u veselog starog patuljka.

Veliki pokloni su čuvani za Božićno jutro, i svi dečaci su to znali.

Kada bi ustali, ne previše rano, svirala bi muzika. Vatra bi gorela, kafa bi bila spremna i čula bi se horska muzika, šta god da su puštali na radiju tog jutra. Dečaci nisu žurili da rano ustanu. Pošto je uspostavio svoj autoritet zvoncem i prizorima čudesnih bića koja ulaze kroz prozor, Endiju je bilo lako da njih trojicu ubedi da je previše rano ako krenu da traže poklone dok on i ja ne budemo spremni.

Glavni obed bila je božićna večera, 25. decembra predveče, i često bi nam dolazili drugi rođaci i prijatelji, i za trpezarijskim stolom je sedelo po nas dvanaestoro ili četrnaestoro oko ćurke ili guske ili pečene govedine. Uvek je to bila velika večera. Bilo je zabavno.

Endi je juče popodne zvao sa Balatona i razgovarao sa svakim od trojice dečaka redom, baš pre nego što smo krenuli u bioskop, a to je ove godine drugi deo Gospodara prstenova, Dve kule. Spremala sam salatu od morskih plodova za večeru. Bilo je bolje da nešto bude spremno nego da sa spremanjem počnem usred razmenjivanja poklona. To znači skuvati jelo ranije.

„Mama!" Džulijan je poslednji razgovarao s njim.

Obrisala sam ruke i otišla do telefona. „Zdravo, Endi."

„Zdravo, Lin. Mnogo sam razmišljao o tebi, i o dečacima."

„Ja sam razmišljala o Božićima kakve smo imali, na Aveniji Golf."

„I ja."

„Bili su divni, zar ne."

„Tako mi se čini."

„Mislim da su to bili najlepši Božići koje je iko ikada imao."

„I ja tako mislim."

„Srećan Božić, Endi."

„Srećan Božić, Lin."

Božićno je jutro dok pišem ove reči. Adam se na nekoliko dana uselio nazad u kuću i spava u dnevnoj sobi. Više ne dajemo poklone na Božić. Ja više ne pravim velike večere kao nekada, u bilo koje doba godine, i ovo mi se čini kao vreme samo za porodicu. Lien bi bila dobrodošla, ali je ona sa svojom porodicom u Torontu. Bliski prijatelji koji bi mogli da nam se pridruže su s one strane okeana. I dalje spremamo veliku božićnu večeru, i pripreme za nju će oduzeti deo dana. Igraćemo se i gledati filmove i zvati telefonom i biti zajedno.

VIII

I šta je krenulo naopako? Bilo je toliko toga između Endija i mene što je bilo dobro, ispravno, pa čak i izvanredno. Zašto se naš brak okončao?

Delom je bio kriv Endi, a delom ja, a najviše od svega nešto među nama na šta gledam drugačije kad god o tome razmišljam. Uvek je bilo napetosti, kao što ih nesumnjivo ima u svim brakovima. Nisam sigurna da li je moguće razlučiti koliko su u pitanju bile lične mane, koliko su one proisticale iz različitih tipova porodica sa različitim istorijama, a koliko su imale veze sa time što je Endi Mađar a ja nisam.

Endi je bio izvanredan otac, naročito kada su dečaci bili mali. Nosio bi ih u naručju noću pored prozora i pričao im pričice. Izvodio ih je na vožnje biciklom i zajedno s njima skupljao na gomilu lišće koje je padalo sa javorovog drveta u vrtu ispred kuće. Voleo je da se igra, i zabavljao se igrajući se s njima. Umeo je da bude i strog prema njima, mnogo manje popustljiv od mene, i slušali su ga s poštovanjem.

Kao muž je bio manje izuzetan. Čini mi se da je pravo da kažem i to da sam i ja bila bolja kao majka nego kao supruga. Nisam čak ni volela reč „supruga", i gajila sam pomešana osećanja o braku od samog početka. U svojoj dvadeset trećoj i dvadeset četvrtoj godini neodređeno sam strahovala da bi se odnos između nas dvoje mogao promeniti kada budemo u braku; sada, trideset godina kasnije, mislim da su ta strahovanja bila opravdana.

Dobro znam šta znači biti dobra majka. Jedva imam predstavu o tome šta znači biti dobra supruga. Pošto je i sama ideja dobre supruge za mene nešto problematično, verovatno nije ni čudo što mi je bilo teško da budem takva. Da li je dobra supruga žena koja se brine za potrebe i težnje svoga supruga? Za svoje? Šta ako se one ne poklapaju? Kada smo Endi i ja prvi put razgovarali o tome da imamo decu, sećam se da smo razgovarali o tome kako ćemo po pola deliti brigu o njima i o kućnim obavezama, i sećam se da je Endi na to pristao.

Nije tako bilo. Postati roditelj bio je veliki izazov. Jedan faktor je, svakako, bio stres do kojeg dovode dva posla s punim radnim vremenom, tri deteta s punim radnim vremenom, pas na puno vreme i kuća na puno vreme. Brzo sam se našla u položaju da igram veću ulogu kod kuće nego Endi kada se Adam rodio, i nisam zbog toga bila srećna. Oboje smo radili puno radno vreme, ali sam ja preuzela mnogo više od svog dela tereta domaćih obaveza.

Endi je bio duboko uvučen u politiku i planove univerziteta za stvaranje Škole za Zajednicu i Javne poslove na Konkordiji, krajem sedamdesetih i početkom osamdesetih godina. Ja sam otkrila radove Mejvisa Galanta, i počela da radim na tekstu o njegovom delu, kao i da radim u časopisu pod nazivom Montrealska Revija zajedno sa kolegama sa Džona Ebota. Imala sam svoje snove, drugim rečima, i veoma mi je bilo stalo da ih ne napuštam čak ni u vreme kada su mi briga o deci i predavanja oduzimali najveći deo energije. Rekla bih da sam se posebno trudila da te snove ne napuštam tih godina, jer su tada i došli u opasnost. Dva-tri puta godišnje, kada sam imala najveće probleme zbog stresa – često odmah po početku školske godine u septembru, ili kada bi se približio rok da predam neki članak ili predlog – dobila bih čmičak na oku.

Endi je počeo da ostaje u gradu posle Adamovog rođenja, da se viđa sa svojim studentima i kolegama, i da dolazi kasno. To je trajalo dve-tri godine, dok su Adam i Miška bili sasvim mali. Problemi su dostigli vrhunac kada sam ja jedne večeri imala sastanak na koledžu koji sam propustila zato što on nije stigao kući i nije zvao da mi javi kako bih našla nekoga da pričuva decu. Uzela sam Adama i Mišku i otišla da prespavam kod njegovih roditelja. To nije bilo idealno mesto da potražim utočište, ali nisam znala kome drugom da se obratim sa dečacima od dve i tri godine.

Borili smo se, i stvari su se popravile. Još jednom smo preživeli, ovoga puta za dlaku.

Ja sam radila na novom istraživačkom projektu o montrealskim piscima, sa trogodišnjom istraživačkom stipendijom, tako da sam manje predavala i mogla da nađem vremena za svoj rad, koji je uključivao prikaze novih knjiga kao i stručnije tekstove. Endi je dobio stalno predavačko mesto na univerzitetu, i počeo da radi kao konsultant. Počeli smo da iznajmljujemo kućicu za skijanje u Istočnim Kantonima od decembra do marta, tako da je Endi provodio vikende u brdima sa dečacima dok sam ja održavala vatru i pisala i odlazila u šetnje sa Hektorom. Sredinom osamdesetih, kada su Adam i Miška već išli u školu, a Džulijan pošao u vrtić, išlo nam je izvanredno dobro. Bili smo zadovoljni samima sobom i jedno drugim, poslovi su nam bili obezbeđeni, i uživali smo u dečacima i u našoj kući. Postali smo uzor drugima, idealni par sa dve karijere, priređivali odlične zabave i pružali svojim zadovoljnim, lepo vaspitanim sinovima detinjstvo na kojima su im drugi mogli pozavideti.

Negde u to vreme Mađarska je ponovo postala važna u Endijevom životu, pa otuda i u mom. Prisustvo Endijeve porodice bilo je stalno godinama, čak i kada su Edit i Bandi otišli u penziju iz Koledža Mekdonald, i sada živeli na Nanz Ajlendu u blizini svoje ćerke Kati. Svi dečaci su kršteni u mađarskoj crkvi, pošto je to bilo važno Endijevim roditeljima, a meni nije. I uvek bi se našao neki posetilac iz Mađarske, koji bi kod nas proveo noć ili dve dok je u Montrealu. Često su ti posetioci davali naše ime svojim prijateljima i rođacima koji bi došli sledeće godine. Mađarska i Mađari su ostali deo naših života, iako nijedno od nas tamo nije odlazilo deset godina.

Još jedna prekretnica nastala je kada se Endi tamo vratio 1985. godine. Politička situacija je bila sve zanimljivija, i neki od naših starih prijatelja bili su aktivni intelektualci disidenti. Nalazili su načina da dođu na neko vreme u Njujork, ili da predaju na Koledžu Bard – i u Aveniju Golg ili u Istočne Kantone. Endi i ja smo ponovo išli na Mađarski bal, prvi put posle 1970. godine. Bližila se godišnjica rođendana njegovog dede, i nameravali su da se cela porodica ponovo okupi u Čemeru, uključujući svih sedamnaestoro braće i sestara i njihove potomke. Edit je tog leta bila bolesna, tako da su ona i Bandi ostali u Montrealu, ali nas petoro smo odelteli u Mađarsku na dve nedelje.

Endi je trebalo da ima slobodnu godinu 1990, i oboje smo dobili istraživačke stipendije, on za dalja istraživanja političke ekonomije u Mađarskoj, a ja za novi projekat o književnosti Severne Irske. U jesen 1989. godine odlučili smo da provedemo godinu dana u Budimpešti. Endi je očigledno bio veoma raspoložen da se vrati tamo čak i pre pada Berlinskog zida; posle toga ništa nije moglo da ga spreči. I meni se ta ideja učinila privlačna. To bi mi stvorilo ozbiljne teškoće sa književnim časopisom koji sam objavljivala u to vreme, ali bih izvestan deo posla mogla da obavljam poštom, i pripremila bih specijalan broj dela prevedenih s mađarskog. Bilo bi to izvanredno iskustvo za dečake. A osim toga, to je bilo samo godinu dana.

Dečacima je bilo trinaest, dvanaest i osam godina. Prodali smo kola, izdali kuću na Lejkšor Roudu porodici sa južne obale, i neke od naših privatnih stvari preselili u stovarište koje smo napravili od šperploče u garaži. Ja sam držala predavanja puno radno vreme, objavljivala časopis, uređivala biblioteku proze u Veikil Presu, i pripremala istraživački projekat. Kada smo spakovali Hektora za let do Budimpešte, čmičak na levom oku mi je bio veličine zrna graška.

Putovali smo preko Beča, gde smo proveli veći deo dana pre nego što smo se ukrcali na let za Budimpeštu, a kada smo tamo sleteli, bilo je veče.

Gabor – jer naravno, i Gabor je bio tu – iznajmio je vozilo dovoljno veliko za sve nas i naš prtljag. Ostavili smo stvari u kući u Budimu gde smo iznajmili stan i otišli na večeru s rođacima. Razgovarali smo sve vreme na mađarskom, glasno i uzbuđeno. Moji krupnooki dečaci i ja bili smo umorni i ćutljivi, prepuni utisaka i dosađujući se u isti mah. Masivni stolovi sa tamnim mrljama u restoranu u vinskom podrumu, ciganska muzika, jako vino i teška hrana bili su previše za mene. Luda sam što sam došla ovamo, zaključila sam odlazeći te večeri u krevet iscrpljena.

Probudila sam se usred noći. Endi je spavao pored mene, dečaci u susednoj sobi. Bila sam svesna da je nešto čudno i tuđe. Vazduh je bio čudan i tuđ, ne neprijatan, ali čudan. Soba je bila prostrana, tavanica visoka, francuski prozori otvoreni. Bila je sredina leta, i sam vazduha bio je nekako tuđ, ili je možda naprosto bilo više vazduh nego što sam ja navikla, pošto smo bili blizu vrha jednog od brda u Budimu. Osećao se i slab nepoznat miris – vosak za parket, možda, ili laka na nameštaju. Iznajmili smo potpuno namešten i opremljen stan, i pokrivač je bio tanak, novi čaršavi su škripáli uz moju kožu. Svetlost sa ulice se probijala kroz drvene kapke. Bila sam omađijana.

Mesec dana kasnije počela sam da pišem. Najpre pisma, sa izveštajima o našim prvim nedeljama u Budimpešti, našim muzikalnim susedima, o smešnom imenu strme ulice u kojoj smo živeli – *Kopogó lépcsö*, što znači „klepetave stepenice" – i svakodnevnim teškoćama u životu na stranom jeziku.

Bilo je to neverovatno vreme, svega nekoliko nedelja pošto je na prvim postkomunističkim izborima stari režim smenila demokratski izabrana vlada, i ja sam se nalazila u povlašćenom položaju. U Mađarskoj je bilo malo stranaca u to vreme, a i to malo bili su uglavnom diplomate bez ikakvih veza sa Mađarskom, malo razumevanja za mađarske stvari i još manje zanimanja za njih.

Moj mađarski je tada još bio slab, ali je mogao da posluži. Pošto sam do tada već bila provela više od dvadeset godina u društvu Mađara, mogla sam da obavim telefonski razgovor s nekim ko bi imao razumevanja za mene. Razumela sam gotovo sve što su mi ljudi direktno govorili, pošto se većina trudila da govori polako i jednostavno. Mogla sam da razumem i većinu onoga što se događalo oko mene, iz razgovora koje bih načula tokom dana na pijaci, u autobusu, na večerama.

Nešto bih i pogrešno razumela, što je izazvalo nekoliko uobičajenih svađa sa Endijem. Imala sam običaj da se preterano pouzdam u svoj govorni mađarski, kao onoga jutra kada sam pitala piljara da li je paprika *csinos* (lepa) a htela sam da kažem *csipös* (ljuta), a naročito onoga dana kada sam drsko pokušala da upotrebim sarkazam.

Krov je prokišnjavao i danima smo živeli među kofama vode. Tada je već bilo prošlo više meseci otkako smo došli, i Judit, koja je volela u sve da se meša, i čija je kuća bila vlasništvo, ništa nije uradila da nam pomogne. Tri dečaka i ja smo se sklonili u veliku spavaću sobu, jedinu suvu sobu u celom stanu, kada je ona došla sa dvoje svoje dece u svakodnevnu inspekciju štete.

„Malo je vlažno", kazala je, što je bilo očigledno i glupo.

„*Hát, az valami mondani*", odgovorila sam ja.

Judit i njena deca su me belo pogledali. Moji sinovi su buljili u mene.

Htela sam da kažem „Eto, to nešto znači!" To sam htela. Na nesreću, moja jezička umeća nisu bila na visini te vrste prevođenja, pa moj odgovor, preveden doslovno sa engleskog na mađarski, uopšte nije značio ništa slično.

Hát, az valami mondani na mađarskom ne znači ništa; to svakako ne znači nešto kolokvijalno kao što je „eto, i to nešto znači" na engleskom. Ono što sam se nadala da će biti ubistveno, bilo je samo zagonetno.

Ma koliko bilo besmisleno, međutim, i ma koliko ja napravila budalu od sebe izgovorivši to, to je postala slavna fraza. Sinovi mi nikada nisu dopustili da to zaboravim, i svaki je imao izabrane trenutke kada bi govorio „*Hát, az valami mondani*", sve do današnjeg dana.

Osim toga, rečenica je postala legendarna u susedstvu u kojem smo živeli, zahvaljujući deci sa donjeg sprata koja su čula moj razgovor sa Judit. Ta rečenica je jezičko nasleđe koje sam za sobom ostavila u Budimu. I do dana današnjeg može se, uverava me Adam, čuti na Brdu Ruža.

Važnija do stanja mog mađarskog u prvim mesecima našeg boravka u Budimpešti bila je činjenica da sam bila veoma zainteresovana za svet u kojem ću provesti godinu dana. Bez obzira na to koliko je dobar moj mađarski postao – a postao je podnošljivo dobar, za stranca; malo je stranaca koji nauče više od jedne ili dve reči – znala sam da nikada neće biti dovoljno dobar da bi mi dopustio da dobro razumem taj svet. Prihvatila sam činjenicu da će to za mene uvek biti tuđina, i da ću ja tamo uvek biti stranac. Endi je bio toliko pretrpan poslom da nije imao vremena ni da pozove vodoinstalatera, a kamoli da mi prevede ijednu reč. Nisam mogla da zavisim od njega kao u mojim prvim posetama Mađarskoj. Morao je postojati drugi način, i postojao je. Mogla sam da pišem o tom svetu. Pisanje će biti moja ulaznica.

Sam grad je bio savršen, veličanstven izdaleka, ali izbušen mecima i oronuo izbliza. Stare zgrade su bile prelepe i sve u ukrasima, nove su bile brutalne. Ljudi koje sam sretala u tramvajima i na ulici uglavnom su bili iznureni i često mrzovoljni. Gotovo svi restorani su imali isti jelovnik s teškom hranom, začinjenom na onaj neverovatan mađarski način, i pune masti i pavlake. Bio je to grad kao iz nekog drugog doba, ili na drugoj planeti, a ja sam bila autsajder, posmatrač i nisam se uključivala. To je, delimično, razlog zašto sam, čini mi se, smogla snage da pišem, sama tuđina onoga što me je okruživalo zadovoljavala me je na način koji nisam potpuno razumela.

Odlučila sam da ću voditi dnevnik, i da ću pisati o onome što sam videla oko sebe i šta sam čula od ljudi. Pisaću izveštaje o ovom mestu u ovom trenutku, i možda će nešto od toga što budem napisala moći da se objavi. Materijal će mi biti ono što se dešava u životima članova porodice, suseda, i drugih ljudi sa kojima su mi se putevi svakodnevno ukrštali.

Ljudi su bili različiti. Naš najbliži krug uključivao je arhitekte i aparatčike, mehaničare i operske pevače, socijalne radnike i lekare. Politički, išli su od članova komunističke partije poput Gabora, do nekog drugog rođaka koji je bio savetnik novog premijera sa desnog centra, Antala, i uključivali su bivše disidente koji su se kandidovali kao slobodni demokrati i sada bili članovi parlamenta.

Bilo mi je potrebno mesto odakle ću početi, i gde će mi biti bolje nego ovde, u oronuloj kući s trešnjevim drvetom koje se nadnosilo nad balkonom, i susednim ulicama po kojima smo Hektor i ja lutali svakog jutra. Ma koliko mi taj svet bio tuđ, bilo je i mnogo toga što mi je bilo blisko. Imala sam svoje sinove, i bilo je petoro dece koja su živela na donjem spratu; sa školom u blizini, bila sam okružena decom koja bi otpevala *Csókolom* – skraćeno za *Kezít csókolom*, ljubim vam ruke – kada bi me videla. Čak i sa dvanaest ili trinaest godina, bili su mnogo formalniji u ponašanju, onako kako moja deca nisu, i rukovali se jedni s drugima kada bi se sreli na ulici. Bilo je mnogo načina na koje su se mađarska deca ponašala drugačije od moje, a i ja sam se nesumnjivo ponašala drugačije od njihovih majki, ali oni su bili deca i ja sam bila majka, i dobro nam je išlo. Hrana je imala drugačiji ukus, ali ja sam kuvala isto kao i kod kuće. Čaršavi su bili sve mekši sa svakim pranjem. Nebo je bilo plavo.

Nedeljama sam vodila dnevnik, pišući o iskušenjima svakodnevnog života, čekanju u redu u pošti, kupovini paprike, izbegavanju nasrtljive Judite. Bilo je mirno, telefon je retko zvonio, nije bilo sastanaka na koje je trebalo da idem, ni časova koje je trebalo da pripremim, ni rokova. Pisala sam brzo i lako. U septembru, kada su dečaci pošli u školu, imala sam više vremena nego što sam imala u poslednjih dvadeset godina. I ovo je doprinelo tome da, u mesecima koji su vodili momm četrdesetom rođendanu, počnem da pišem.

Početkom oktobra Mađarska je zapala u politički krizu. Nova vlada je najpre obećala da neće dizati cene goriva a onda je izneverila obećanje, što je razbesnelo taksiste koji su krenuli u štrajk i ubrzo bacilo zemlju na kolena kada su prepričili sve glavne puteve u glavnom gradu. Ton kojim sam pisala se promenio, napustivši sigurnost domaćih briga i počevši da uključuje izveštaje sa radija. Uzavrelost političke situacije i očajanje naroda uticalo je na moje pisanje, i počela sam da shvatam da to nije samo svet koji treba da opišem, nego i priča koju treba da ispričam. A i ja sam bila deo nje.

Počela sam da prenosim direktni govor, šta mi je Judit ispričala o tome šta se događa, i šta je Vera kazala preko telefona. Počela sam da pišem dijaloge, a zatim sam morala da kažem nešto o onome ko je imao takvo gledište, a ko ono drugo, pa su tako likovi počeli da se oblikuju. Nikada nisam potpuno napustila želju da pišem, pa čak i pošto sam prestala s pisanjem poezije, povremeno sam i dalje pisala, većinom dnevnike, ali povremeno i neku priču na kojoj sam radila i prerađivala je i nikada nisam bila zadovoljna njome, ili prva poglavlja romana koje bih potom napuštala. Ipak, nikada pre nisam prešla onu nevidljivu granicu između težnje i stvarnosti. I dalje je trebalo da skuvam ručak, usred svega toga, i da prošetam Hektora, ali svet politike je neposredno banuo na ovu malu domaću scenu koju sam opisivala.

Događalo se nešto neverovatno. Pisanje je počelo da dobija sopstveni život. Ono što sam pisala još je bilo povezano s onim što sam videla i osećala, sa onom čudnom zemljom u kojoj sam još bila u velikoj meri stranac, ali unutra je ušlo nešto novo, nešto što mi je dalo slobodu da taj materijal iskoristim kao polaznu tačku. To nešto bila je mašta.

Još se nisam usuđivala da kažem sebi, čak ni sebi, da sam pisala roman. I same te reči za mene su bile čarobne. Toliko sam želela da napišem roman. Nisam se usuđivala da izgovorim te reči u strahu da ne ureknem posao. Imala sam celu skicu, nekih dve stotine stranica, pre nego što sam priznala da pišem roman. Nisam o tome govorila nikome, čak ni Endiju, a on je bio suviše zaokupljen sopstvenim poslom da bi imao vremena da se pita šta sam to tako zadubljeno pisala na drugom kraju sobe.

Ja sam u stvari stvarala sopstveni svet. Godinama sam želela da budem deo Endijevog sveta, čeznući za svetom koji nikada nije mogao biti moj. Prihvatanje njegovog sveta bilo je mnogo lakša stvar nego stvaranje sopstvenog, ali na kraju ga ipak ništa nije moglo zameniti. Morala sam da postanem pisac.

Roman se zvao *Ptice selice*. Krajem godine poslala sam prvu verziju na adrese troje ljudi – svom bratu, prijateljici i izdavaču s kojim sam razgovarala telefonom dok sam radila za časopis – i usredsredila se na istraživanje i odlaske kod nastavnika jezika; još sam bila daleko od toga da o sebi razmišljam kao o piscu, ali sam to bila. Kada su mi se moji čitaoci javili, a njihovi komentari su bili korisni i ohrabrujući, još nekoliko meseci sam provela pregledajući i proširujući rukopis. Dok sam pisala knjigu, spremno sam se složila da još godinu dana ostanemo u Budimpešti. Kada smo se vratili u Montreal u leto 1992. godine, imala sam završen rukopis u koferu, i on je bio objavljen sledećeg proleća.

Endi je želeo da beskonačno ostane tamo. To je bio njegov svet, i u to vreme je bio isto onliko neraspoložen da ode koliko sam ja bila željna da se vratim kući. Ima mnogo dobrih razloga za povratak, moj posao na Koledžu Don Ebot i očajno stanje kuće u Poant-Kleru bili su na vrhu spiska, ali je za mene presudna bila jedna jednostavna stvar. Mađarska je izgubila svoj sjaj.

Oštra politička klima i znaci netolerancije bili su jedan razlog za sve to. Što je moj mađarski bio bolji, to sam bolje mogla da razumem ljude, i nešto od onoga što sam čula bilo je šokantno po odnosu prema strancima i liberalima. Kanada je bila bolje mesto da u njemu odrastaju deca.

Grubo ponašanje neke druge dece i nestašluci u školskom dvorištu bio je drugi razlog za brigu. Posebno je jedan incident ostavio dubok utisak na mene. Kada o tome razmišljam, čak i danas, pozli mi.

Neki dečak, recimo da se zvao Pali, doneo je revolver BB u školsko dvorište i pokazao ga maloj grupi dečaka. Niko, verujem, osim Palija nije znao da je revolver napunjen. Moj sin, iz razloga koji nikada neću razumeti, stavio je revolver u usta i povukao obarač.

Kada su ga doveli kući, nisam imala pojma šta se desilo. Judit je znala, pošto su joj druga deca ispričala, ali sam ja imala velikih muka da izvučem bilo kakvu informaciju o tome od Judit, koja se svojski trudila da umanji važnost incidenta. Malo-pomalo, uz pomoć jedno ili dvoje druge dece, sastavila sam dovoljno komadića priče da bih shvatila da moram odmah da odvedem sina u bolnicu.

Endi je bio na poslu, a ja nisam imala ni kola niti znala kako da zovem hitnu pomoć, pa sam zamolila Judit da mi pomogne, a ona je i dalje uporno tvrdila da nema potrebe da vodim sina u bolnicu. Na sreću, njen muž je došao kući u tom trenutku, i odvezao mog sina i mene u bolnicu u János korház, na deset minuta od mesta gde smo živeli.

Kasnije sam saznala da je Pali sin Juditine prijateljice i da ona u pokušaju da zaštiti Palija od optužbi nije htela da mi kaže sve što je trebalo i svojski pokušavala da izbegne dolazak medicinskih stručnjaka.

Moj sin je bio dobro, hvala Bogu. Rendgenski snimak je pokazao da mu se sačma zarila sa zadnje strane vrata i za dlaku promašila kičmu. Sačma je uklonjena pa sam ga odvela kući i stavila u krevet.

Judit se popela gore da objasni stvar Endiju, koji je doleteo kući čim je čuo šta se desilo, i Veri, koja je čula vesti i došla da vidi kako je moj sin i da mi se nađe. Ako je ikada išta bilo *fontos* – važno – to je bilo to.

Dok sam slušala Judit kako se opravdava Endiju i Veri te večeri doslovno mi se smučilo. Nisam mogla da ostanem u dnevnoj sobi sa njima, nego sam samo ustala i ostavila ih, otišavši u spavaću sobu gde sam sedela na krevetu i pokušavala da ne čujem zvuk Juditinog glasa. Osetila sam ogromno olakšanje što mi je sin dobro, i tako veliko uzbuđenje, da sam morala da povratim.

Morala bih da prođem pored njih kako bih otišla u kupatilo, a to nisam želela. Zašto? Mislim da nisam htela da se suočim s njihovim sažaljenjem. Znam da nisam želela da bilo ko zna koliko sam uznemirena. Stare navike o privatnosti teško umiru. Povratila sam u majicu u spavaćoj sobi i onda legla i gledala u tavanicu i molila Boga da se svi raziđu.

Vratili smo se u Poant-Kler početkom avgusta 1992. godine. Prvi stanari su se iselili dok smo bili u Mađarskoj, i naš agent za nekretnine nam je našao novog stanara, za koga se ispostavilo da je advokat koji je izgubio licencu i propalica koja nam je uništila kuću, koristio je kao skladište za ukradene stvari, i rasprodao sve vredno što je bilo ostavljeno u garaži, porcelan, srebro, čak i čipku. Većinu stvari koje nije mogao da proda pobacao je, uključujući i albume s fotografijama i Miškine slike koje sam držala na zidu.

Dok smo još bili u Mađarskoj, tužili smo tog čoveka, i upotrebili sva moguća sredstva da ga izbacimo iz kuće, ali je on umeo da iskoristi zakon za svoje ciljeve i na kraju se iselio svega nekoliko nedelja pre nego što smo se vratili kući. Sećaću se do kraja života kako je Endi uzeo sekiru i otišao do skladišta napravljenog od šperploče koje je policija zakovala ekserima, kako bismo videli šta je ostalo a šta je otišlo.

Prijatelji koji su nas sačekali na aerodromu bili su preneraženi, ali su bili tu, i nismo ih videli tako dugo; nekako smo uspeli da povedemo razgovor, i oni su nas na kraju ostavili same.

Bila je to noćna mora. Nikad nisam videla tog čoveka, ali sam tokom vremena saznala više o njemu, uključujući i činjenicu da je bio optužen za prevaru i krađu, pa čak i ubistvo i da je postojao ceo spisak drugih slučajeva, od kojih su neki bili slični našem. Bila je to i te kakva priča, i neke njene delove ispričala sam u obliku fikcije u novom romanu koji sam počela da pišem te zime.

Neke njegove stvari bile su zaplenjene u naše ime i policija ih je stavila na prodaju, što je značilo da možemo da ih kupimo za male pare. I tako smo došli do sportskog žutog trijumfa TR6. Endi je ostao četiri nedelje, postavio alarmni sistem u kući i vratio se u Mađarsku u vreme kada je počinjala nova školska godina.

Posle toga je dolazio u Montreal nakratko, predavao po jedan semestar na Konkordiji i vozikao se po gradu u trijumfu. Dečaci i ja smo provodili leta u Mađarskoj sledećih nekoliko godina. Jednog proleća Endi i ja smo ponovo išli na Mađarski bal. Moj prvi roman, koji je bio dobro primljen, poslužio je kao predložak za seriju na CBC Rediju, objavila sam drugi roman, *Kraljica tragedije*, postala aktivna u kvebečkoj i nacionalnoj organizaciji pisaca, i počela da organizujem književne događaje u Montrealu.

Endi je deo vremena provodio u Montrealu a deo u Budimpešti, i stalno je govorio da će se organizovati tako da većinu posla može da obavlja u Montrealu. Još to govori, čak i danas. Čini mi se da tako i misli. Neko vreme sam mu, u svakom slučaju, verovala.

Endi je sve više postajao Mađar, što sam ga duže poznavala. Bilo je razdoblja kada se malo menjao, tokom deset godina koje smo proveli na Aveniji Golf, dok je gradio univerzitetsku karijeru, ali se posle toga sve više odvajao od mene, postajao sve veći stranac. Pratila sam ga koliko sam mogla, želeći da pripadam tom svetu, kuvajući mađarska jela, slaveći mađarski Božić, seleći se u Mađarsku na dve godine, uspevši čak i da naučim mađarski, bar donekle. Ali on je bio toliko ispred mene, uvek, da sam se ja na kraju predala i uradila ono što je možda trebalo da radim sve vreme, a to je da stvaram svoj sopstveni svet. Veza je pukla.

Da li me je ostavio? U vreme kada smo krenuli svako svojim putem, počela sam da mislim kako je Endi bio taj koji je bio u braku s Mađarskom. Tamo mu je bilo srce. Bilo mi je potrebno puno vremena da dođem do tog zaključka, i učinilo mi se da se nalazim u čudnom položaju, da se nadmećem s Mađarskom za naklonost svoga muža i njegovu odanost.

Ili sam ja napustila njega? U poslednje vreme pomišljam da se u stvari to desilo. Svakako je istina da sam ja ta koja je uporno tražila da napustimo Mađarsku i da se vratimo u Montreal. U to vreme nije bilo jasno, naravno, da će to biti početak kraja našeg braka, ali je moguće da sam ja toga bila svesna, negde duboko u sebi.

Možda smo se uzajamno napustili. Trideset godina smo proveli zajedno, i veći deo tog vremena smo bili srećni, ali stvari su se promenile. Bilo je vreme da prihvatimo stvarnost i krenemo dalje. To sam ja učinila, izašavši iz braka s Mađarskom, postajući nezavisna, polako stvarajući život koji sam zamišljala za sebe kada sam bila mlađa i luda.

Ali to je druga priča.

Izdavačko preduzeće
RAD
Beograd, Dečanska 12

*

Glavni urednik
NOVICA TADIĆ

*

Priprema teksta
Grafički studio RAD

*

Za izdavača
SIMON SIMONOVIĆ

*

Štampa
Sprint, Beograd

Tiraž 1000

CIP – Каталогизација у публикацији
Народна библиотека Србије, Београд

821.111(71) - 31

ЛИТ, Линда

U braku sa Mađarskom : roman / Linda Lit [sa engleskog prevela Aleksandra Mančić]. – Beograd : Rad, 2005 (Beograd : Sprint). – 91 str. ; 21 cm)

Prevod dela: Marrying Hungary / Linda Leith. – Tiraž 1.000

ISBN 86-09-00898-3

COBISS.SR-ID 125431308